数字经济：
企业定位、协同管理与经营绩效

邱漠河　　余来文　　陈昌明 ◎ 著

Digital Economy：
Enterprise Positioning，Synergy Management and Business Performance

图书在版编目（CIP）数据

数字经济：企业定位、协同管理与经营绩效 / 邱漠河，余来文，陈昌明著 . -- 北京：企业管理出版社，2021.3
ISBN 978-7-5164-2263-2

Ⅰ.①数… Ⅱ.①邱… ②余… ③陈… Ⅲ.①信息经济—研究 Ⅳ.① F49

中国版本图书馆 CIP 数据核字 (2020) 第 196781 号

书　　名：数字经济：企业定位、协同管理与经营绩效
作　　者：邱漠河　余来文　陈昌明
责任编辑：赵喜勤
书　　号：ISBN 978-7-5164-2263-2
出版发行：企业管理出版社
地　　址：北京市海淀区紫竹院南路 17 号　　邮编：100048
网　　址：http://www.emph.cn
电　　话：编辑部（010）68420309　　发行部（010）68701816
电子信箱：zhaoxq13@163.com
印　　刷：河北宝昌佳彩印刷有限公司
经　　销：新华书店
规　　格：170 毫米 ×240 毫米　　16 开本　　16 印张　　181 千字
版　　次：2021 年 3 月第 1 版　　2021 年 3 月第 1 次印刷
定　　价：68.00 元

版权所有　翻印必究　印装有误　负责调换

序言
PREFACE

当前我国经济发展已步入新常态阶段,预计经济将持续保持中高速增长并呈现 L 型增长趋势,未来我国经济发展亟须寻求新动力。为此,习近平总书记多次强调要"构建以数据为关键要素的数字经济""做大做强数字经济""促进数字经济和实体经济融合发展"。在数字经济环境下,基础设施、增长动能、经济形态、运行方式和分配制度等都产生了巨大变化,数字经济对众多产业造成了颠覆性影响,所以数字经济发展模式和路径也难以复制传统产业的成功经验。商业模式创新作为企业践行创新驱动发展战略的关键路径,已被我国各级政府视为"调整产业结构、化解产能过剩"的根本出路之一。然而,在研究数字经济驱动下的高科技企业的商业模式创新时,我们发现现有研究较少采用实证方法测量商业模式创新的不同维度对企业绩效的具体影响。因此,在数字经济环境下,通过实证研究探讨适用的商业模式创新策略与方法,破解高科技企业进行数字化转型和创新所面临的难题,成为企业数字化升级进程中一个亟待研究和解决的重要理论与实践问题。

一、研究问题

本书聚焦于以下问题：①商业模式创新与企业绩效之间存在何种关系；②商业模式创新的驱动因子企业定位、协同管理与企业绩效之间的关系是怎样的；③企业定位、协同管理与商业模式创新之间的关系和作用机理是怎样的；④商业模式创新在企业定位、协同管理与企业绩效之间起到何种作用；⑤数字经济驱动下的高科技企业通过商业模式创新促进企业绩效有哪些可行的路径和实施建议。本书力图通过解决以上问题拓展数字经济驱动下高科技企业商业模式创新及其对企业绩效的作用机制研究。

二、研究目的与意义

本书的研究目的在于探讨企业商业模式创新是否有助于我国高科技企业竞争力和企业绩效的提升，以及在商业模式创新驱动因子（企业定位、协同管理）的作用下高科技企业的绩效将如何演绎，并揭示商业模式创新的实施路径和作用机理。从理论意义上来说，本书拓展了数字经济驱动下高科技企业商业模式创新及其驱动因子对企业绩效的作用机理研究，有助于丰富商业模式创新理论。从现实意义上来说，本书研究结论能够指导企业定向地培养相关能力、获取必要资源、识别特定情境进而实现必要的商业模式创新，帮助企业在全球化数字经济竞争中取得领先优势并提升企业绩效。

三、研究过程

首先，本书对企业绩效、企业定位、协同管理和商业模式创新的国内外相关文献进行回顾，通过分类整理分析现有研究结论和研究不足与研究建议。其次，结合数字经济的特点，明确高科技企业需要重新定义企业定位并实施基于价值网络的协同管理，确定研究假设与量表设计方案。再次，本书以高科技企业在商业模式创新方面的数据作为实证研究的依据，以304份有效调查问卷获取的数据为研究样本，进行信度和效度测试以及描述性统计分析等，并运用因子分析和多元回归方法实证剖析了企业定位、协同管理、商业模式创新与企业绩效之间的交互关系和作用机理，得出企业要基于协同效应的理念开展协同管理的结论。最后，本书做出了应当在实证研究基础上检验商业模式创新与企业绩效之间的关系效应的结论，提出企业定位、协同管理通过商业模式创新提升企业绩效的启示与建议。

四、研究结论

第一，企业定位对技术导向的过度强调并不会改善商业模式创新的效果。第二，战略文化协同和组织协同是商业模式创新的新起点。第三，市场产品与服务的改善有助于提高企业绩效。第四，战略协同与文化协同在组织内外环境中通过提高企业效率来实现绩效增长。第五，商业模式的效率与价值源泉是企业绩效的关键。第六，企业定位借助商业模式创新促进企业绩效的提升。第七，组织内外部全方位的协同管理能够将商业模式创新对企业绩效的价值最大化。针对以上结论，本书分别从政府与行业组织、企业、高管团队三个维度为高科技企业提供建议：政府与行业组织要重点发展数字经济相关产业，加大对高科技企业商业模式创新的鼓励与扶持力度，开放信息数据；高科技企业要保持技术创新，重视企业定位，树立在价值网络中合作共生的意识；企业高层决策者应有意识地培养企业自身的资源和能力，调整组织结构，利用协同管理开发出符合新范式的技术与服务，以此推动商业模式创新。

目录
CONTENTS

1 绪论 / 001

    1.1 研究背景 / 003

    1.2 问题陈述 / 010

    1.3 研究问题 / 011

    1.4 研究目标 / 012

    1.5 研究意义 / 014

    1.6 前提假设与研究局限性 / 018

    1.7 研究范围 / 021

    1.8 操作定义 / 022

    1.9 全书结构框架 / 028

    1.10 结论 / 030

2 文献综述 / 033

    2.1 因变量：企业绩效 / 034

    2.2 自变量1：企业定位 / 049

    2.3 自变量2：协同管理 / 061

    2.4 中介变量：商业模式创新 / 075

    2.5 管理学理论 / 089

2.6 假设 / 103

2.7 研究框架 / 111

2.8 结论 / 113

3 方法论 / 115

3.1 研究方法 / 116

3.2 分析的样本 / 119

3.3 分析量表 / 119

3.4 信度与效度测试 / 127

3.5 数据采集过程 / 134

3.6 数据分析方法 / 135

3.7 道德考量 / 139

3.8 本章小结 / 140

4 发现与探讨 / 143

4.1 受访者概要 / 143

4.2 研究目标1：企业定位与商业模式创新的关系模型检验 / 147

4.3 研究目标2：协同管理与商业模式创新的关系模型检验 / 152

4.4 研究目标3：企业定位与企业绩效关系模型检验 / 158

4.5 研究目标4：协同管理与企业绩效的关系模型检验 / 162

4.6 研究目标5：商业模式创新与企业绩效关系模型检验 / 167

4.7 研究目标6：商业模式创新在企业定位与企业绩效之间的中介作用模型检验 / 172

4.8 研究目标7：商业模式创新在协同管理与企业绩效之间的中介作用模型检验 / 176

4.9 研究探讨 / 180

4.10 结论 / 182

5 概论、结论、启示及建议 / 185

5.1 结果概论 / 187

5.2 结论 / 191

5.3 启示 / 194

5.4 建议 / 203

附录 调查问卷 / 215

参考文献 / 220

1 绪　　论

随着我国信息技术创新的不断加快，以数字产业化和产业数字化为主要特征的数字经济已成为引领我国经济发展的重要驱动力。新生态、新业态和新模式不断涌现，推陈出新，企业面临的内外部环境与工业经济环境相比以往具有更大的不确定性和复杂性，企业商业模式创新已成为企业应对市场竞争，实现持续成长的重要战略手段。很显然，数字经济已成为创新最活跃、发展最快、影响最广泛的经济活动，抓住数字经济发展机遇，已成为世界各国获取未来竞争优势的重要战略选择。值得注意的是，当前激烈的市场竞争不仅是产品的竞争或单个企业之间的实力较量，更是不同商业模式之下企业组群之间的"组团"竞争。因此，企业商业模式创新与变革已成为企业应对市场竞争的法宝，也是实现企业或"企业集群"可持续成长的重要战略手段。

对此，本书主要以高科技企业为对象，通过实证研究数字经济驱动下企业商业模式创新对企业绩效的作用机理以及驱动商业模式创新的影响因子和实施路径。首先，通过文献分析法识别出数字经济时代商业模式创新的前因变量（企业定位、协同管理）和结果变量（企业绩效），奠定了研究的理论模型与框架，并对各变量之间的关系提出理论假设。其次，利用问卷调查所获得的 304 份有效样本数据，结合多元回归的统计分析方法对理论假设进行实证检验。研究结果表明，效率型企业商业模式创新对企业绩效具有显著的正向促进作用。企业应通过降低企业生态网络交易成本、提升各方交易效率，最终实现企业绩效持续提升。

在分析实证研究结果的基础上，本书得出了相应的管理启示与建议。

第一，新颖型商业模式创新对企业绩效具有显著的正向效应，故企业应创造新型交易，开发新的价值主张，设计新的交易模式以提升企业绩效。

第二，市场导向可以显著驱动商业模式创新，而技术导向对商业模式创新影响有限，因此企业应以客户为中心，聚焦于发掘、理解并预测市场和客户需求。

第三，企业定位、协同管理都对企业绩效具有显著的正向促进作用，企业商业模式创新在企业战略定位与企业绩效逻辑关系中具有中介作用。

第四，商业模式创新在协同管理与企业绩效逻辑关系中发挥部分中介作用，所以，企业在实践中应通过商业模式创新协同合作伙伴、以市场导向明确各组织在价值网络中的定位，充分利用大数据等新兴数字化技术的潜在价值，进行全新的价值创造并将价值传递给顾客，从而促进企业绩效提高。

1.1 研究背景

当今世界，经济形态正从工业经济时代向数字经济时代转变。近年来，数字技术迅猛发展，特别是大数据、云计算、物联网、区块链和人工智能等技术。此外，数字技术正与社会经济各领域深度融合，这也促使传统产业向数字化创新转型，最终形成全球化、创新、包容和可持续增长的驱动力，更好地挖掘数字化潜力。然而，当前新的产业和经济格局并未成型，不确定因素始终存在，世界各国均面临重大战略机遇期。

1.1.1 数字经济发展的特点

1996年，加拿大学者唐·泰普斯科特（Don Tapscott）在《数字经济时代：智力互联时代的希望与风险》中正式提出数字经济概念，20多年过去了，当下学者们对数字经济的概念及内涵有各种定义。李长江（2017）认为数字经济本质上是以数字技术方式进行生产的经济形态。张亮亮等认为数字经济是指以数字化信息为核心生产要素，以信息技术为支撑，以现代信息网络为主要载体，以数字化技术提供产品或服务，构成了技术融合、产业融合、生产者与消费者融合的新型经济形态。目前，数字经济增长的动力、主导权、生产要素等关键要素都发生了巨大的变化，经济增长的主要动力正从工业经济的传统基础设施、生产商、资金、土地和劳动力等因素向数字经济的信息基础设施、消费者、信息技术转换。在数字经济时代，市场交易主体的经济活动和经济行为依赖于信息网络，与工业经济时代下的交易行为、资源禀赋、成本结构、商业模式等均有显著不同，如表1-1所示。

表1-1 数字经济与工业经济的差异

指标	工业经济	数字经济
增长动力	传统基础设施、生产商、资金、土地和劳动力	信息基础设施、消费者、信息技术
主导权	生产商	消费者
生产要素	资金、土地和劳动力	数据

另外，数字经济是资源节约型和环境友好型的绿色经济。

新业态和新模式的特点是数字化程度高，可以缓解能源环境方面的压力，在提升经济效益和环保方面有所贡献。如共享经济提高了资源的利用效率，在线医疗、教育、办公等应用的普及，形成了数字化可持续发展模式。当然，数字经济也使得协同价值效应不断凸显。依托网络平台，数字经济领域的新业态、新模式不断涌现，实现了技术迭代更新、模式创新扩散，带动上下游产业协同发展，数字营销、移动支付、仓储物流等相关服务业的快速增长。电商、快递、外卖、直播等新业态创造了灵活用工机会，海量个体依托自媒体社交平台在线创新创业，不断涌现出各类新服务产品、新场景应用，产生了巨大的协同价值。

1.1.2 数字经济发展历程

当今世界正处于数字经济与工业经济更替的过渡时期，一种跨越式发展的新途径正在形成，从5G通信、互联网、人工智能到智能制造、智能物流与智能生活，数字经济已成为全球最重要的产业基础、商业模式和新的经济形态。数字经济引领着经济社会领域的快速发展，正以其澎湃的动力成为发达国家和主要新兴经济体发展的新引擎。近年来，随着"工业4.0"、产业互联网等概念的兴起，数字经济引发了传统工业经济的裂变式变革。总体而言，数字经济的发展过程包括四个阶段，如图1-1所示。

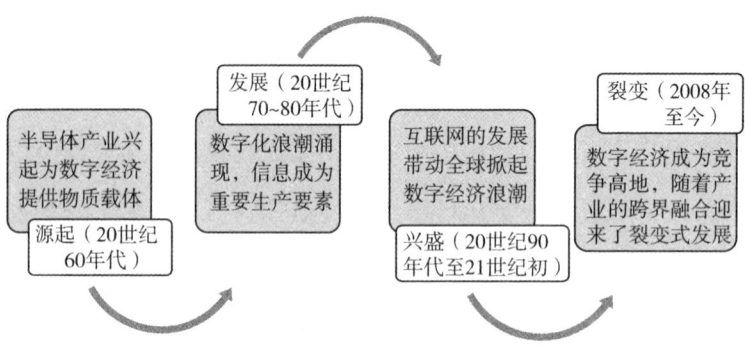

图 1-1　数字经济发展历程

从经济发展阶段看，中国已进入工业化的中后期，基本完成了重工业化阶段。随着环境和资源的约束加剧，人口红利消失，产业结构转型升级迫在眉睫。数字经济则是解决上述问题的有效途径。一方面，数字经济可以培育新的产业业态，形成新的经济和新的动能。另一方面，数字经济可以改变传统产业和服务业的生产方式、销售渠道和消费方式，促进产业升级。因此，数字经济可以拓展新的经济发展空间，促进经济的可持续发展。

1.1.3　数字经济发展规模

数字经济是人类生产功能的范式转变，是经济运行方式的形态重构。我国数字经济规模持续扩大，数字经济是继农业经济、工业经济之后的一种新的经济社会发展形式，将对人类社会进行升级和重塑。鉴于此，世界主要发达国家和新兴经济体把数字经济作为引领国家经济增长的主要动力，都十分重视培育本国的数字经济并不断加强数字经济战略部署，以期数字经济的发展能带动其他经济领域的产业融合，在新一轮经济浪潮下赢得未来经济的发展先机和竞争优势。随着"互联网+"行动计划的持续深入推进，我国数字经济实现了高速增长与快速创新，新技术、新业态、新产业、新模式不断涌现，分享经济蓬勃发展，网络零售、移动支付交易规模位居全球第一。

我国高度重视发展数字经济，大力实施国家大数据战略、网络强国战略、"互联网+"行动计划，推进"数字中国"建设。此外，强调充分推动大数据、人工智能、区块链、5G等新技术与实体经济深度融合，推动制造业等实体经济转型升级，大力拓展经济发展新空间。中投顾问发布的《2019—2023年中国数字经济深度调研及投资前景预测报告》显示，2018年我国数字经济总量约为31.3万亿元（如图1-2所示），占GDP的比重达到34.8%，同比提升1.9个百分点。

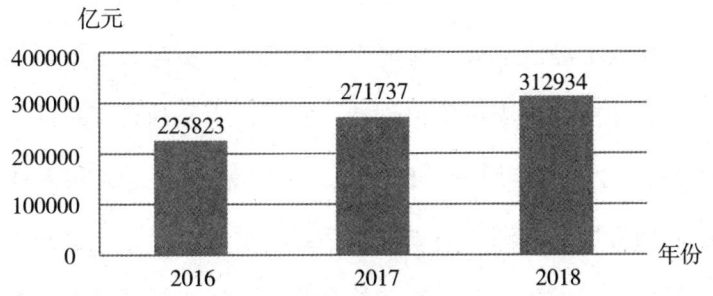

图1-2　2016—2018年我国数字经济规模

数字经济的快速发展，不仅推动了我国传统产业的转型升级，而且为我国的经济发展增添了新动能。2018年数字经济发展对GDP增长的贡献率达到67.9%，同比提升12.9个百分点，超越部分发达国家水平，成为带动我国国民经济发展的核心关键力量。

从数字经济的产业发展趋势可以看出，数字经济已逐渐成为我国经济社会深刻变革的重要推动力，是历史发展的必然方向。我国正处在后工业经济时代向数字经济时代迈进的关键时刻，数字经济下大量颠覆性创新的出现，使得传统工业经济的商业模式创新迫在眉睫，在一定程度上对已有经济学理论和治理理论也形成了挑战。数字经济的发展已大大领先于商业模式等制度规范的发展，如果依然用后工业经济时代的思维思考数字经济时代的问题，我们将难以解决我国经济社会发展面临的许多难题。

1.1.4 协同管理应运而生

在数字经济时代，任何生产要素都需要与其他要素协同联动，才能共同支撑价值创造，它们既不是独自存在的，也不是独立发挥作用的。产业链、创新链、资金链和人才链的协同发展已逐渐成为未来数字经济活动之一，这也使得协同管理应运而生，越来越多的企业将通过协同管理实现数字化转型及创新驱动。协同管理的初衷就是聚合分散化和优良化的发展要素，强化系统性整合，改变产业或组织发展的无序状态，激活自组织行为，实现企业资源自动匹配和精准合作，打破竞争的状态转入竞合的佳境，实现协同发展，形成协同效应。

第一，领导力协同管理。在数字经济时代，精明的领导者为了尽量避免"自主研发综合症"，不仅会创造一种更灵活的组织决策形式，而且会强化跨部门协同合作。收集信息的人要提供正确的数据给分析数据和理解问题的人，同时他们要和掌握相关技术、能够有效解决问题的人并肩工作。

第二，人才协同管理。在数字经济时代，数字人才对于数字经济的发展显得越来越重要，而且数字人才也是数字经济的核心要素。这对企业人力资源部门和企业高层都提出了更高的要求：不仅要考虑人才自身素质，更要协同其个性、爱好、需求、能力等多方面因素，与具体的项目、团队配合等进行管理，从而最大限度地发挥其应有的价值。

第三，技术协同管理。近年来，处理海量、高速率、多样化数据的大数据工具获得了长足发展。整体而言，这些技术已经变得更加普遍，不再贵得离谱，而且大部分软件都是开源的。然而对大部分企业的IT部门来说，这些技术需要的一整套技能都是全新的，因此，只有协同公司内外所有相关的数据与大数据技术的综合管理，才能保证大数据战略的可行性和创新性。

1.2 问题陈述

基于技术创新的数字经济已被广泛应用到其他经济领域，有力地拓展了经济发展新空间。显然，数字经济不仅是经济转型升级的重要驱动力，而且是建成高科技强国的关键要素之一。

第一，数字经济形成的新交易模式要求商业模式创新。随着数字经济的蓬勃发展，大数据、云计算等新技术不断演化，数字经济对企业的内外部环境产生了重大影响，企业的交易方式和价值创造模式不断更新，越来越多的公司将传统交易方式与新技术、新渠道、新客户需求相结合，形成新的交易模式，交易模式的变化必然引起商业模式的创新。

第二，用户多样化需求要求商业模式创新。在数字经济环境下，用户的价值期望、员工的价值追求和企业的价值创造等过程与传统时代相比都发生了巨大的变化。例如最终的用户希望获得个性化的产品与服务，企业员工希望提升个人价值，企业运营所需要的资源也不再局限于自身拥有的资源，而是通过分享经济实现外部资源的利用和自身闲置资源的对外共享等，这些都对企业的商业模式提出了新的要求。

第三，学界对商业模式创新研究偏少。为了应对内外部环境的变化，企业一直在寻求通过商业模式创新提升企业的竞争力，然而与数字经济的发展规模和重要程度相比，学界对与数字经济环境下企业商业模式创新的研究却处于一种滞后状态。福斯（Foss）等最近的研究发现，过去的15年中，尽管关于商业模式的文献快速增长，但关于商业模式创新的研究依然偏少，学者们对商业模式创新的概念界定依然不清晰，也未建立可行的研究模型。

1.3　研究问题

针对上述背景分析和问题陈述，如何解决这些问题就是本书研究的重点。本书主要围绕"数字经济驱动下的高科技企业如何开展商业模式创新以提升企业绩效"这一核心问题展开，把商业模式创新的情境确定在"数字经济驱动下的高科技企业"的产业层级，把创新的目标聚焦于商业模式的前因变量与结果变量的作用机理和商业模式创新的路径，以期在实践中更好地指导企业提升企业绩效。本书具体要解决以下五个问题。

第一，商业模式创新与企业绩效之间的关系是什么？本书将商业模式创新分为效率型商业模式创新和新颖型商业模式创新两个维度，并对其与企业绩效的关系进行定量实证分析，验证商业模式创新与企业绩效的关系及影响机制。

第二，商业模式创新的驱动因子企业定位、协同管理与企业绩效之间的关系是什么？将企业定位分为市场导向和技术导向两个维度，将协同管理分为战略文化协同、组织协同和技术协同三个维度，并分别对其与企业绩效之间的关系进行量化实证分析，验证企业定位、协同管理与企业绩效之间的影响关系和作用机理。

第三，企业定位、协同管理与商业模式创新之间的关系和作用机理是什么？将企业定位分为市场导向和技术导向两个维度，将协同管理分为战略文化协同、组织协同和技术协同三个维度，并分别对其与商业模式创新之间的关系进行量化实证分析，验证企业定位、协同管理与商业模式创新之间的影响关系和作用机理。

第四，商业模式创新在企业定位、协同管理与企业绩效之间起到何种作用？研究商业模式创新的驱动因子（企业定位、协同管理）是否以商业模式创新为中介变量间接作用于企业绩效。

第五，数字经济驱动下的高科技企业通过商业模式创新促进企业绩效的可行路径和实施建议有哪些？本书研究了"驱动因子—商业模式创新—企业绩效"模型的内在作用机理，基于此，结合数字经济环境下高科技企业的商业模式创新，探究高科技企业未来可能的商业模式创新路径，以提升企业绩效。

1.4　研究目标

在数字经济时代，企业必须用创新的数字化思维去变革，以提升核心竞争优势与企业绩效，技术创新、产品创新、商业模式创新是企业转型升级的三大核心要素。然而，企业要实现变革性增长，通常不依赖产品或技术创新，而是依赖商业模式创新。国内外学者针对商业模式创新的研究已经取得了一系列有价值的研究成果，但对数字经济驱动下的商业模式创新研究还远未成熟。为此，本书以高科技企业为研究对象，通过理论分析和实证研究相结合的方法，深入研究数字经济驱动下的高科技企业商业模式创新与企业绩效之间的作用机理，并在此基础上，提出企业通过商业模式创新提升企业绩效的路径和策略建议。具体研究目的如下：

第一，揭示企业商业模式创新的驱动因子及其内在机理。本书通过文献梳理和实证研究，力图探索出商业模式创新的驱动力量，推动企业商业模式创新。还构建了商业模式创新的整体模型，从商业模式创新的前因到商业模式创新的结果，全面分析数字经济时代的商业模式创新，进而为更好地推动商业模式创新提供理论支撑。

第二，阐述企业定位、协同管理与企业绩效之间的作用机理。本书通过理论分析和实证研究的方式，探究企业定位主要因子市场导向和技术导向，协同管理主要因子战略文化协同、组织协同和技术协同对企业绩效的作用机理。

第三，分析企业定位、协同管理与商业模式创新之间的作用机理。本书通过理论分析和实证研究的方式，主要阐述在数字经济环境下高科技企业如何通过企业定位、协同管理实现商业模式创新，探究企业定位主要因子市场导向和技术导向，协同管理主要因子战略文化协同、组织协同和技术协同对商业模式创新的作用机理。

第四，探索以商业模式创新为中介变量时，企业定位和协同管理对企业绩效的作用机理。本书主要分析在数字经济环境下高科技企业的企业定位、协同管理如何通过商业模式创新来促进高科技企业绩效的提升，分析论证数字经济驱动下高科技企业商业模式创新的中介作用，为企业通过商业模式创新提升企业绩效提出行之有效的政策建议。

1.5 研究意义

中国经济进入新常态，产业需要新升级，"互联网＋"人工智能、大数据、云计算等为传统经济向数字经济转型提供了重要的技术支撑。长期以来，商业模式创新与企业绩效的关系都是研究热点，受到了企业界和理论界的重视，但目前尚无完整成熟的理论解释和实施建议。本书以数字经济驱动下高科技企业商业模式创新与企业绩效的关系为切入点，研究结果具有一定的理论意义和现实意义。

1.5.1 理论意义

本书从数字经济的角度出发，拓展了数字经济驱动下高科技企业商业模式创新及其对企业绩效的作用机理研究,发现商业模式创新对企业绩效具有直接促进作用,可为改善企业绩效提供理论依据与参考。

第一,有助于完善数字经济驱动下高科技企业商业模式创新的理论研究。本书在研究和比较国内外相关文献的过程中,梳理总结了与数字经济相关的现有企业商业模式和创新理论,并在此基础上探讨了数字经济驱动下效率型商业模式创新和新颖型商业模式创新对企业绩效的影响机制及传导机制,以完善相关理论研究。

第二,有利于拓展数字经济驱动下高科技企业商业模式创新的前因研究。本书从高科技企业数字化转型的角度出发,将"企业定位""协同管理"作为商业模式创新的驱动因素,探讨它们对商业模式创新的影响,进一步拓展商业模式创新的前因研究。另外,本书从市场导向与技术导向两个维度分析企业定位,从战略文化协同、技术协同和组织协同三个维度分析协同管理,并且分析了企业定位、协同管理与商业模式创新之间的作用机理。

第三,丰富了关于商业模式创新前因变量和结果变量的实证研究。本书构建了关键因子—商业模式创新—企业绩效这一关系路径和框架模型,探索了商业模式创新在企业定位、协同管理与企业绩效三者间的中介作用,并分别从理论和实证视角对其进行深入的分析与验证,丰富了现有商业模式创新实证研究。

第四，弥补了企业定位、协同管理和商业模式创新研究中对数字化情境关注不足的缺陷。本书立足于我国大力发展数字经济的背景，以数字化情境下的高科技企业为研究对象，通过实证研究为高科技企业通过商业模式创新改善企业绩效提供了相应的理论支撑，有利于提醒学者们在进行企业定位、协同管理和商业模式创新关系研究时关注数字化情境。本书研究发现，在数字情境下，高科技企业的企业定位、协同管理和商业模式创新都对企业绩效具有显著的正向影响，并且商业模式创新在其中发挥中介作用。本书研究结果可以为四个变量之间的关系提供基于数字化情境的新解释。

1.5.2 现实意义

本书研究结论能够指导企业定向地培养相关能力、获取必要资源、识别特定情境，从而实现必要的商业模式创新，促使企业在全球化数字经济竞争中取得领先优势并提升企业绩效。

第一，有助于政府和相关机构制定政策。在数字经济发展及企业商业模式创新的过程中必然会出现诸多问题和挑战，本书的研究能够为应对数字经济各类商业模式创新提供科学的测度参考，为政府部门及行业管理机构制定政策提供参考依据。

第二,有利于我国高科技行业参与全球竞争。本书研究表明,商业模式创新正向影响企业绩效,这说明如果企业想获得更好的绩效,实施商业模式创新是一个明智的选择。我国正处于新旧动能转换的关键时期,在数字经济驱动下,依托精准的企业定位和高水平的协同管理能力,企业可以准确识别市场机会和目标客户,合理选择合作伙伴,高效配置资源,从而促进商业模式创新。高科技企业通过创新商业模式从而实现产业数字化转型和发展,对于我国高科技行业参与全球竞争具有重要意义。

第三,有利于促进高新技术企业实现商业模式创新。了解商业模式创新的前因变量,可以帮助企业了解其应该从哪些驱动因素入手来推动商业模式创新。在数字经济时代,企业必须实施转型,而商业模式创新已成为必选项。无论什么类型的企业,都需要考虑从何种驱动因子入手去探索商业模式创新,因为驱动因子的创新本身就是在推进商业模式创新。为此,本书通过文献分析和实证研究,得出企业定位和协同管理是企业商业模式创新的前因变量和驱动因子的结论。对这些驱动因子进行创新,能有效推动商业模式创新。可以说,通过对这些驱动因子的探究,可以唤起企业高级管理者创新商业模式的意识,加快推进商业模式创新顺利进行。

第四，为高科技企业实现数字化转型及商业模式创新提出了对策与建议。本书依据实证研究结果为高科技企业数字化转型及商业模式创新提供了实践参考，并为我国传统企业通过商业模式创新提升企业绩效提供了一定的借鉴。因此，在未来的管理实践中，管理者应重视商业模式创新的作用，积极推动对现有商业模式进行革新，以提高企业绩效。

1.6 前提假设与研究局限性

本小节主要对本书的前提假设和研究局限性进行阐述，在一定程度上，为后续进行更加全面的研究指明方向。

1.6.1 前提假设

商业模式创新使企业重新定义了竞争，因为商业模式创新引发了大量跨行业竞争，企业之间的竞争正逐渐从个体竞争演变为整个价值网络的竞争。本书以高科技企业为研究对象，而中国高科技企业数以百万计，且企业绩效、协同管理能力、企业定位等方面的数据获取也极为困难，所以本书采用问卷调查的方式获取相关数据。

本书在进行数据分析的过程中，所有研究都基于问卷调查获得的 304 份有效样本数据，并在此基础上分析企业定位、协同管理、商业模式创新与企业绩效之间的关系，试图探索出数字经济驱动下的高科技企业商业模式创新对企业绩效的影响，企业定位、协同管理对商业模式创新的影响，企业定位、协同管理对企业绩效的影响，以及商业模式创新对企业定位、协同管理与企业绩效的中介作用，并尝试提出在数字经济驱动下提高高科技企业绩效的建议和措施。

1.6.2 研究局限性

目前的创新研究主要集中在技术创新、产品创新、商业模式创新和社会创新等方面，商业模式创新研究已成为专家学者研究的重点创新领域。戴尔、亚马逊和阿里巴巴等企业通过商业模式创新取得的巨大成功，进一步说明了商业模式创新的重要性。因此，在数字经济时代，高科技企业如何通过商业模式创新提升企业绩效，是企业管理者必须考虑的关键问题。本书对商业模式创新与企业绩效关系的理论与实证研究，为企业通过商业模式创新提升企业绩效提供了支持。但是，本书的研究成果毕竟有限，无法覆盖全部相关理论及实践，在未来的研究中还需要进行更加深入、系统的研究。本书在以下三个方面存在一定的局限性。

第一，本书样本数据来源的充分性、完整性和准确性有待提高。首先，数据的充分性与完整性不高。中国高科技企业众多，2018年仅深圳市的国家高新技术企业就高达14400家，并且每天都有高科技企业诞生和消亡，所以本书研究对象的样本抽样存在一定的局限性。此次的问卷主要投放于广东、北京、浙江等地区的高科技企业，覆盖的地区有限，选取的对象也较为随机，虽然所获得的样本量基本满足了研究需要，但是中国各地区的经济发展不平衡，各地差异性非常明显。所以本书的研究具有鲜明的地域特色，研究结论需要在更大的样本中进行检验。有必要在今后的研究中扩大样本投放的地理范围，以进一步验证本书结论的普遍性。或者可以按地区开展有针对性的研究，也可以考虑对发达地区与待发展地区的高科技企业开展比对性的研究。其次，考虑到数据的可用性，本书采用量表来衡量企业绩效，但这种方法在一定程度上无法避免受访者之间的个体差异，具有一定的主观性。因此，虽然本书通过信度检验和效度检验证明了样本原始数据的科学性和规范性，但如果能够用客观的数据来衡量企业绩效的财务绩效，将更客观地反映企业的绩效，未来研究可就此进行完善。最后，本次研究的样本不是按行业来划分的，后续建议对中国重点发展的行业进行精确研究，如软件业、先进制造业、智慧医疗业和智慧零售业等行业进行分别研究。此外，不同企业可获得的资源和面对的挑战是不一样的，可以从大企业与小企业、成熟企业和初创企业等维度开展研究。

第二，本书研究视角的局限性。数字经济对企业绩效的影响是全方位的，本书主要从商业模式创新的维度展开分析，但实际上对企业绩效产生较大影响的还有产品创新、技术创新、社会创新等维度，因此本书的研究具有一定的局限性。

第三，本书研究变量选取的局限性。在商业模式创新影响企业绩效的研究中，本书采用企业定位、协同管理两个因素作为自变量，事实上，一定还存在其他的驱动因素，这会影响模型的拟合度和研究结论的准确性。此外，商业模式创新还会受到国家政治经济政策、国际环境等很多其他因素的调节和影响，本书不可能将所有因素逐个排除，但在后续研究中，可以考虑逐渐融入这些因素，从而进行更为全面和深入的研究。

1.7 研究范围

本书以高科技企业为研究对象，通过调查问卷的方式获取样本数据并进行统计分析，主要涉及的研究范围如下。

第一，理论范畴。随着新一代信息技术的不断演化和数字经济的蓬勃发展，企业的交易方式也在不断向外扩展，使得商业模式已上升到企业战略层面。虽然技术创新、产品创新、社会创新对企业绩效都具有重要的影响，但是技术创新、产品创新和社会创新不纳入本书的研究范围。而本书所设立的企业定位和协同管理这两个自变量是战略理论领域的内容。在此基础上，本书运用了价值链理论、价值网络理论、交易成本理论和社会网络等，丰富了本书所运用的理论范畴。

第二，应用边界。本书以数字经济驱动下高科技企业的商业模式创新为切入点，分析企业定位、协同管理两个因子如何促进商业模式创新并探究其对企业绩效的影响。近年来，随着国家对高新技术创新的日益重视和现代科技水平的不断提升，某些创新商业模式的发展使得企业可以通过吸引客户和维持客户规模而获得竞争优势，这为提高企业市场竞争力提供了新的思路。

第三，研究对象。本书对商业模式创新的国内相关外文献进行回顾，通过分类整理、了解现有研究结论和研究不足，结合数字经济的特点，明确高科技企业需要重新定义企业定位。同时，本书以高科技企业在商业模式创新方面的数据作为实证研究的依据，得出企业要基于协同效应的理念开展协同管理，并在此基础上检验商业模式创新与企业绩效之间的关系效应。

1.8 操作定义

由于本书主要研究数字经济驱动下企业定位、协同管理、商业模式创新和企业绩效四个变量之间的关系，以及数字经济驱动下企业定位、协同管理、商业模式创新是如何作用于企业绩效的，因此，本节对企业绩效、企业定位、协同管理及商业模式创新四个变量的操作定义进行简要说明。

1.8.1 企业绩效

企业绩效是指经营者在一定经营期内的经营效益和经营

业绩。企业经营效率主要体现在盈利能力、资产运营水平、偿债能力和后续发展能力等方面。经营者的绩效主要体现在经营者在经营管理企业的过程中，包括为企业的经营、成长和发展做出的成绩和贡献。从内涵上看，绩效不仅是企业的经营行为，也是企业经营的结果，主要用于衡量企业达成目标的能力。

袁平（2010）认为，企业绩效是指公司的业绩或有效性，它反映了公司在一定时期内取得的经营效率和效益，并作为检验企业战略目标是否实现的重要衡量指标。绩效（Performance）反映企业经营的有效性，包括效率和效果。企业绩效一般分为财务绩效和成长绩效。刘刚等（2017）将企业绩效界定为经营过程中在战略吻合、运营效率、客户价值和财务价值四个方面取得的效果。战略吻合是指导企业实现其经营目标的重要指导原则，主要关注能否在找准自身定位的基础上，形成独特的竞争优势；运营效率涉及企业对资源的利用程度，包括对各种物质资源和人力资源的利用；客户价值主要包括企业是否能够吸引更多的顾客，提升为顾客创造价值的能力，获得较高的顾客满意度和信任度；财务价值是最能直接体现商业模式创新绩效的指标，包括企业的销售收入、市场份额、成本控制能力等。其中，创新绩效是指企业在创新方面的表现和成果，反映了企业创新的投入产出情况。也有学者通过对前人研究的梳理总结，提出基于创新结果的视角去测量创新绩效，主要分为创新产出数量、创新成果推出速度、创新成果的质量水平以及市场领先程度四个角度。吴绍玉等研究提出用技术研发的产成品以及投入产出率两个维度来测量创新绩效的表现。黄璐等也将创新绩效分为过程绩效、产出绩效两个方面，用研发投入衡量过程绩效，用研发产出衡量产出绩效。

1.8.2　企业定位

1972年，Airies和Jack Trout的文章《定位时代》在美国权威杂志《广告时报》上发表，宣告了"定位"的诞生。Airies和Jack Trout认为"定位"是指如何在目标受众的心目中占有一席之地。所以，他们用"Positioning"代替"Position"，以表示这是一个过程。国家、组织和个人都可以用"定位"让自己的产品和服务在消费者心目中"占位"。Airies和Jack Trout所讲的"定位"实质上就是对目标群众进行研究，以公众的角度进行审视，然后对信息进行筛选，将信息集中、统一传播，从而在目标人群的头脑中建立起独特的记忆。此篇文章发表后，立刻在产品、市场、品牌和文化定位等方面引起了企业研究的热潮。定位理论的提出开创了一个新的时代，定位的概念逐渐被人们所接受和传播，营销专家也在探索定位理论与营销理论体系的结合。

而企业定位就是明确企业该做什么。企业定位是指通过对顾客需求的理解，塑造企业独特的个性、形象和企业文化，以及企业内部品牌和输出产品，从而在消费者心中占据一定的地位。李福成指出，企业定位具体分为企业战略、营销战略和传播战略三个层次。其中，企业战略层次定位要明确的是通过何种方式来提供产品或服务（How to），营销战略层次定位是要明确提供何种产品或服务（What），而传播战略层次定位则要明确谁是目标顾客（Who）。相比产品定位和品牌定位，企业定位是一种全方位定位，但所有定位的目标都是与目标顾客建立一种和谐友好的关系。

1.8.3 协同管理

协同管理（Synergy Management）的核心在于协同，"协同"（Synergy）一词源于古希腊语，意为协调与合作，是指当一个系统发生阶段性变化时，大量子系统的协调会引起宏观结构的质变，产生新的结构和功能。伊戈尔·安索夫（Igor Ansoff）确立了协同效应的经济学含义，即企业的整体价值大于企业各独立组成部分价值的简单总和，产生了"2+2=5"的协同效应，并且认为协同的核心为价值创造。

国内专家对协同也有各种解读，张梓榆（2018）认为协作是指系统内两个或两个以上不同的资源或个体，协同完成一定的目标，从而实现系统内个体之间的相互促进和发展。

原磊（2017）从价值链生成的角度，认为协同效应由共用效果、互补效果和同步效果共同发挥作用而形成。林晓伟等（2018）认为信息对称是系统实现协同管理的关键，而互联网时代的协同管理是在互联网平台和生产（智能制造）平台基础上，企业（或个人、组织）为实现"1+1>2"的协同效应，以信息商品为媒介的"竞争→协作→协调→协同"的自组织管理过程。由上可知，协同管理就是多个主体基于某一目标相互协作，产生协同效应的一种方法。

其中，协同创新是协同管理的重要内容，是创新过程与协同思想的结合，是企业激发相关主体产生协同效应、实现企业协同管理目标的动力系统。协同创新是指企业、高校、科研机构等创新主体和政府、中介机构、金融机构、其他服务组织等辅助主体，在创新过程中进行资源整合，通过突破创新主体之间的壁垒充分释放各自的人才、资本、信息、技术等创新要素的活力，实现深度合作和系统效用的非线性叠加以及知识、价值的创造，包括"互联网＋人工智能"科技创新、跨界资源整合创新、企业制度机制创新、企业商业模式创新等协同创新。协同创新是一种大跨度的复杂创新组织模式，强调创新系统各要素的完整性和动态性，即在协同创新组织模式中，创新主体各要素在资源、目标和功能方面是一个有机结合的整体，而不是要素的简单相加，而且这个整体总处于动态变化之中。

1.8.4 商业模式创新

商业模式（Business Model）概念最早由 Gardner 提出并使用，其本质上是各经济主体间的交易关系，体现了组织价值创造的方式和逻辑。商业模式是一种描述企业如何在市场中做生意的全面视角（Zott 等，2011），其解决的是企业创造价值、传递价值和获取价值的过程（Teece，2010）。商业模式的所有元素都有可能成为商业模式创新的触发点（Osterwalder 等，2005）。

商业模式创新是指组织为了获取更高的价值而对涉及价值创造、传递和获取的一系列组织活动和架构进行的创新和变革，是一种系统化的创新活动，能够为顾客创造和传递新的价值（王雪冬，2013）。吴晓波等（2017）认为提出一个新的价值主张，进而对商业模式元素进行创新设计的过程即是商业模式创新。现有商业模式的研究一般通过价值链的价值创造、价值传递、价值获取三维度进行多元化的探究，主要认为商业模式是由诸多相互联系的活动构成的业务体系，包括价值链活动、顾客选择、产品或服务选择等，描述了企业价值创造、获取、传递的过程，包含了企业各个组织部分以及它们之间的关系。所以商业模式创新是价值创造、价值主张、价值获取方面的创新，不仅是对产品和流程的创新，更是对商业模式结构本身的创新，即通过寻找新的商业逻辑和方法为利益相关者创造价值和获取价值的过程。

由于不同的学者对商业模式有不同的认识，因此学者们对商业模式组成要素的分析也有差异。企业的生产经营活动是由一系列复杂的要素完成的，单一的要素不能反映企业的商业模式。多数学者认为，价值主张、目标客户、客户关系、收入和成本是商业模式的核心要素，商业模式创新可以通过改变要素之间的互动方式或要素的重要性来实现。Osterwalder 等（2005）指出，商业模式价值体系包括九个要素：客户价值主张、目标客户、分销渠道、合作伙伴关系、核心能力、资源配置、客户关系、收入和成本。Hamel（2000）提出了一种"四要素三桥梁"的商业模式模型，"四要素"包括客户界面、核心能力、战略资源和网络价值，每个元素都包含几个子元素；"三桥梁"包括客户价值、战略资源和企业边界。Zott 等（2011）认为企业商业模式由价值主张、价值创造、价值索取三个要素组成，其核心逻辑是价值创造和价值索取，不同企业在各个发展阶段的价值要素各有侧重。

1.9　全书结构框架

本书利用理论分析和实证研究相结合的方法探索数字经济驱动下的高科技企业商业模式创新与企业绩效的关系，设计的结构框架如图 1-3 所示，总共分为以下五部分。

1 绪 论

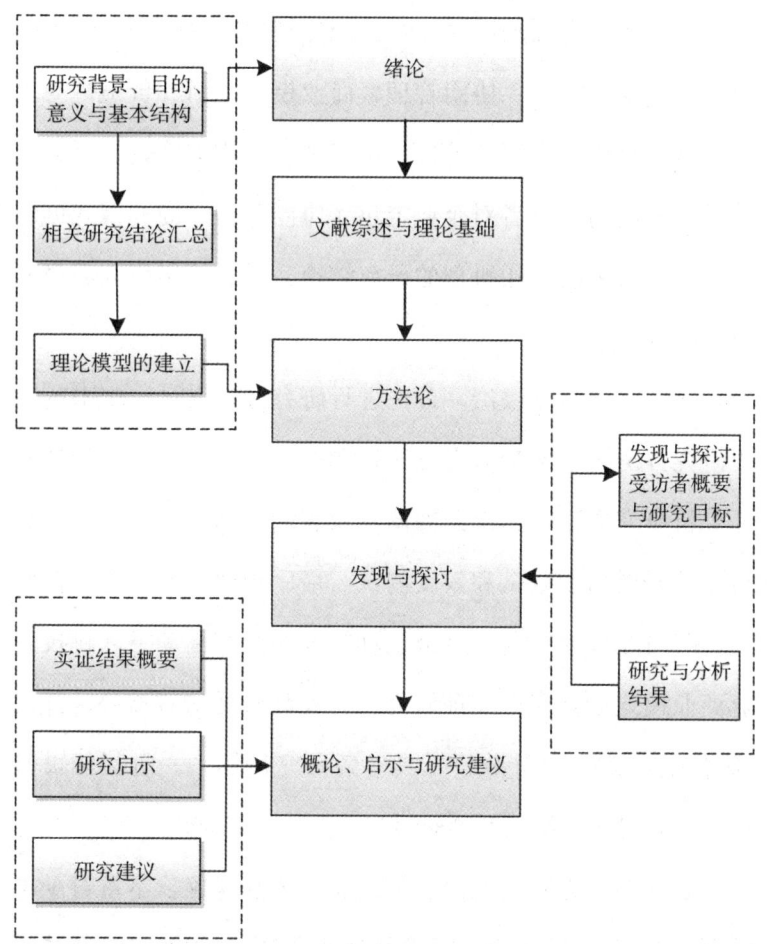

图 1-3 全书结构框架

第一部分为绪论。主要介绍了选题背景和研究问题、研究目的、研究意义及研究的局限性,给出了本书研究的范围,并对相关变量进行解释,最后对本书的研究进行整体框架规划。

第二部分为文献综述与相关理论概述。在分别归纳了企业绩效、企业定位、协同管理、商业模式创新、价值链与价值网络、交易成本理论及社会网络理论等相关理论之后，总结了当前国内外学者对企业定位、协同管理、商业模式创新及企业绩效之间作用机理的研究结论。最后给出研究假设和研究框架。

第三部分为方法论。首先进行研究方法设计，本书的主要研究方法包括文献研究方法、调查分析研究方法和定量实证分析研究方法。其次开展调查量表的设计、数据采集与分析，并开展信度测试和效度测试。最后阐述道德考量分析。

第四部分为发现和讨论。对在数字经济驱动下高科技企业商业模式创新展开实证研究，首先分析受访者概要，其次通过 SPSS 20.0 统计分析工具对各研究目标一一进行假设验证，最后对实证结果开展研讨与分析。

第五部分为研究概论、结论、启示及建议。本章对全书的研究论证过程进行概括总结，报告了主要研究结论与启示，并在此基础上给出数字经济驱动下企业通过商业模式创新提升企业绩效的对策建议，最后指出本书的创新和不足，为后续进行更深入细致的研究提出了方向与建议。

1.10　结　　论

本章首先从产业背景和理论背景两个维度出发分析研究

的背景，发现数字经济作为主要以数字技术方式进行生产的经济形态，已成为全球经济发展中的重要驱动力，而且对许多行业产生了颠覆性的影响。在数字经济时代，传统的商业模式已经不能满足企业和社会的发展需要，通过商业模式创新来提高企业绩效是必然的途径，但是理论界还较少通过实证分析研究数字经济驱动下的商业模式创新。其次，分析数字经济环境下商业模式创新需研究的问题，并给出了研究的目标与意义，通过对商业模式创新的前因变量和企业绩效之间的作用机理做深入的研究，为企业的数字化转型升级提供必要的理论支撑与实践建议。再次，阐明了研究的前提假设、局限性与研究范围，明确给出研究的自变量企业定位、协同管理，中介变量商业模式创新，因变量企业绩效四个变量的操作定义。最后，对全书的结构框架进行了阐述。

2

文 献 综 述

随着数字化、网络化、智能化的不断发展，企业所处的环境发生了前所未有的改变。数字网络成为价值链和价值网络的新载体，价值创造要求网络各主体之间有效协同。在这样的数字化商业环境中，企业已从"独立、个体线性竞争"逐渐步入"协同、群体网络竞争"。随着竞争环境越来越开放、产品及服务的边界越来越模糊，单纯的技术或产品创新已不能满足日益多样化的客户需求。对此，企业需要重新审视自身的企业定位，将企业独有的个性、形象、企业文化、品牌和产品与客户的需求进行重新匹配，抓住市场。此外，企业在进行企业定位与协同管理时也需要通过商业模式创新为目标客户提供新的解决方案，创造新的价值。因此，数字经济驱动下的商业模式创新成为高科技企业提高价值创造与企业绩效的主要推动力量。

高科技产业是推动我国经济高质量发展的主要动力，近年来受到了国家的大力支持并已进入群雄逐鹿的局面。面对这样的行业局面，高科技企业必须善于利用自身的商业模式提高高新技术成果转化的程度，以此增强企业的市场竞争力。本章主要对有关企业定位、协同管理、商业模式创新、企业绩效的文献资料进行汇总整理，分析变量的定义、维度等，梳理相关理论的主要研究内容，为高科技企业商业模式创新研究提供理论依据。此外，本章还对相关假设做出思考和汇总，为后文实证分析奠定基础。

2.1 因变量：企业绩效

企业绩效一直都是企业经营管理的核心和最终目标。高科技企业的企业绩效大多依赖于创新产品和创新技术。但是随着数字经济时代的到来，技术壁垒逐渐降低、企业生存环境日益复杂，高科技企业的经营风险增加，因此企业绩效成为高科技企业关注的重点。

2.1.1 定义

顾名思义，绩效包含业绩与效率，是将一个经济机构在一个特定期间内的运行情况、运作效率等经济过程与结果同计划相比较，以此获取这一经济机构的评估结果。从管理学的视角理解，绩效是某一组织的所有成员为达成组织既定目标而共同努力的有效输出结果，这一结果分别从个人绩效和组织绩效两个层面表现出来。绩效不单是CEO最为关心的问题，也是企业员工最关注的课题，不仅反映企业过去的经营成果、影响着企业未来的发展前景，而且直接决定了企业所属员工的薪酬待遇与职业规划。企业绩效还是公司综合竞争力的集中体现。目前有关企业绩效的研究文献可谓汗牛充栋，但因为学者们常常基于自身的研究目的从不同的角度、不同的层次来界定企业绩效的概念，因此，学界对企业绩效的概念尚未完全达成共识。企业绩效有狭义和广义之分。狭义的企业绩效，主要涉及企业的财务指标，一般分为企业的短期财务绩效和长期财务绩效，如企业的投资收益率、净收益率及其增长的速度、企业的销售金额、企业产品的市场占有率等。在财务指标的基础上进行不同范围的拓展就是广义的企业绩效，如增加企业的实际运营绩效，即企业产品的品质和实际占有的市场份额等这类非财务性指标，或增加其他非经济类的绩效等。大多数企业通常先追求狭义的企业绩效，之后再将绩效目标延伸至广义的企业绩效上，即企业一般是从只追求利润逐步转变为将企业生产经营的外部环境一并纳入关注的范围。

相较于从覆盖范围视角将企业绩效区分为广义企业绩效与狭义企业绩效，有的学者认为企业绩效是企业生产、经营的最终成果；有的学者认为企业绩效是经营的过程及产出的结果；还有部分学者认为绩效是指企业的预计收益和实际收益间的差值，绩效的评价要同时考虑之前状况与未来的预测。这些研究主要概括起来就是三种解释：以结果为导向的绩效评价、以过程为导向的绩效评价以及综合绩效评价，如表 2-1 所示。

表 2-1 企业绩效的概念研究

类别	学者	观点
以结果为导向的绩效评价	King S W, Solomon G	绩效是企业从事活动带来的业绩和效率的总称，可看作企业战略目标的结果和实现程度
	魏蒙	企业绩效就是企业在复杂多变的竞争环境中，通过自身经营战略和资源投入，抢占目标市场的市场份额，获取市场中的收益，并以此得到发展壮大的成果
	徐燕	企业绩效是组织或组织中的个人在特定时间段内，围绕组织目标采取某些行动而获得的效率、效益、效能、成就等结果
以过程为导向的绩效评价	钟宇钰	企业绩效是指在特定经营期间，企业为保证经营活动顺利进行而投入各种资源，由此取得的财务能力、运营能力、竞争能力、发展能力等能力之和
综合绩效评价	李红浪等	企业绩效不仅包括企业在一定时间内经营所取得的收益和利润，也包括企业为谋求未来的新发展机遇，对自身业务交易情况及其影响因素所展现出的及时调整或有效完成的能力

续表

类别	学者	观点
综合绩效评价	陈建梁、周军	绩效是工作结果与工作过程效率的综合表现形式，即包括效率和效果，是组织及其成员在一定时期内工作投入的总体输出，反映了企业经营投入的有效性
	林展	基于与企业利益相关的股东、债权人、员工、政府与企业社会责任五个方面，将绩效分为"行为"和"结果"两部分，"绩"指企业一段时期内的经营活动成果，即企业经营的结果绩效；"效"指的是企业将投入资源变为对应成果的效率，即企业经营的过程绩效
	丁红玉	企业绩效就是业绩和效率之和，业绩是企业在经营过程中通过投入和管理所获得的利润，这体现企业经营的目标结果；企业效率是指企业在经营过程中所体现出来的获利能力、经营能力、创新能力、可持续发展能力等综合能力的集合，这体现企业经营过程中所展现出的效率水平
	郭梁	企业绩效不但可以用来衡量企业的效益水平和业绩水平，还可以用来衡量企业的成长潜力

虽然学界对企业绩效的概念内涵尚未完全达成共识，但学者们一般都认为企业绩效是个多维概念。其实，从过程或结果单方面理解企业绩效显然都较为片面。我们应该以长远发展的眼光去理解企业绩效，企业绩效可以包含过去、现在和未来三个维度，并且在三个时间维度中分别以财务角度和非财务角度进行综合评价，以使对企业绩效的界定更加科学

与综合。因此，本书认为企业绩效是企业在特定时间内，通过各种努力所取得的经营效果，它既体现行为也体现结果。对于企业来说，绩效是衡量企业总体经营状况的首要指标，也是企业能力的综合体现。

2.1.2 企业绩效的相关前期研究

企业绩效是企业经营的总体收益。高科技企业商业模式创新的最终效果可以用企业绩效来表现，因此本书选取企业绩效作为因变量。由于学界对企业绩效的概念没有达成共识，在企业绩效研究内容不断丰富的过程中，学者们对企业绩效衡量指标的内容也持不同意见。本小节主要对有关企业绩效测度的研究进行梳理。

2.1.2.1 企业绩效的测度

有关企业管理的研究多数是在探求企业管理对企业绩效的影响。在西方，企业绩效评价研究根据评价内容可分为四个阶段：成本控制评价、财务指标评价、价值评价、综合评价。在我国，有些学者在测度企业绩效时仅使用财务绩效这类指标，即直接将总资产报酬率等财务指标的数值当作企业绩效的数值。例如王永德与韩悦（2019）借助企业的盈利能力指标、偿债能力指标、营运能力指标和成长能力指标完成企业绩效的合理评价；王莉（2014）在高管薪酬公平对企业总体绩效的影响研究中，采用财务业绩，即资产利润率指标作为企业绩效的表征；王旭（2017）的研究对象是创业板上市公司，考虑到现阶段创业板上市公司最受关注的就是其盈利能力的增长及成长能力的大小，因此借助盈利能力指标和成长能力指标衡量企业绩效；镇英布谷（2018）提出创业板上市公司的盈利水平和成长水平能分别借助总资产收益率和营业利润增长率进行衡量；李显君（2018）亦同意镇英布谷的观点，并认为总资产收益率和营业利润增长率是衡量企业绩效的两个相对成熟的度量指标。

也有学者利用短期绩效和长期绩效、营销绩效与财务绩效、主观测量绩效和客观测量绩效等多个指标来分别度量企业绩效。事实上，20世纪60年代后，以财务指标评价企业绩效的观点已不被很多学者认同。随着经济社会的发展以及企业经营环境的改善，学者们意识到如果财务指标评价依托历史财务数据，将使企业侧重于追求短期的经济效益；同时，由于财务指标无法全面准确地反映企业经营进展，顾客、供应商、员工等因素对企业绩效的影响作用无法在财务指标中体现，所以学者们认为单一财务指标不能反映企业绩效的总体情况，而要采用非财务指标，包括企业成长性、员工满意度等对企业绩效进行统一测量，因此非财务指标被纳入企业绩效的评价体系中。后来，综合评价企业多个方面的指标逐渐被纳入企业绩效的评价体系，其具体内容如表2-2所示。

表 2-2 企业绩效的测度

时间	学者	观点
1996	Lumpkin 和 Dess	企业绩效评价指标包括成长性绩效、财务绩效
2013	李先江	财务性绩效、市场性绩效
2014	王莉	公司绩效采用总资产收益率来衡量
2018	蔡羚奕	企业绩效评价分为财务绩效评价与非财务绩效评价，企业财务绩效评价以会计指标为基础进行测量，非财务绩效评价通过市场绩效和创新绩效进行度量
2019	李亚	主要从财务绩效和非财务绩效两方面对企业绩效进行分析，财务绩效分析主要对企业的盈利水平、营运水平、偿债水平、发展水平等财务指标进行分析；非财务绩效分析主要对企业的国有资产保值增值率、市场占有率和对客户价值的影响等方面进行分析
2020	徐晨	企业绩效水平可以通过获利能力、资产运营能力、债务偿还能力和未来成长能力等方面进行度量
2020	张佳成	财务绩效、成长绩效和环境绩效
2020	崔剑	净资产收益率指标也可用来衡量企业绩效，但是净资产收益率无法体现企业利用财务杠杆下的绩效表现，因此使用总资产收益率和人均创收对企业绩效进行度量

由此可见，关于企业绩效评价的指标也是众说纷纭。相较于表 2-2 中的观点，Kaplan 和 Norton（1992）的观点较为著名。他们认为企业绩效评价指标包括财务维度、客户维度、学习与成长维度、内部经营流程维度，并提出平衡计分卡（BSC）方法，可用此方法从以上四个维度来评价企业绩效。这四个维度代表了企业的三个主要利益相关者：企业的

股东、企业的客户、企业的员工。从财务维度可评价股权所有者的投资回报，具体指标包括营业收入、利润等。从客户维度往往可对客户满意度和客户忠诚度等进行度量。学习与成长维度主要用于评价员工的相关情况，如员工数量增长率、员工满意度、员工技能水平等。通过平衡计分卡可实现绩效评价体系中财务指标和非财务指标、长期目标和短期目标、结果性指标与动因性指标、内部平衡与外部平衡、领先指标与滞后指标之间的平衡。因此，通过平衡记分卡方法可使组织的绩效得到全面评估。

综上所述，由于企业绩效是一个较为宽泛的概念，企业绩效评价经历了由财务评价到综合评价的发展阶段。目前仍有不少学者提出通过企业的财务指标度量企业绩效，这无法全面评价企业绩效，缺乏说服力。企业的绩效评价需要综合多方面的内容，兼顾企业长期问题、风险问题和成长难题，因此测量企业绩效需要同时考虑企业的财务绩效指标和非财务绩效指标。在具体实务过程中，构建企业绩效的评价指标体系应该综合考虑评价的目的和对象等因素。企业要根据实际情况选择合适的指标来评价企业绩效，例如商业模式创新对企业绩效的影响，可以通过成长绩效、流程再造绩效、社会绩效与创新机制指标进行分析。商业模式创新可以实现价值创造和价值传递，将新产品有效地传递给消费者就实现了商业价值转化的最后一步和企业的成长，因此可以通过企业的成长绩效分析企业绩效（王秋妹，2019）；创新的商业模式能够在企业内部再造相对应的流程，因此可以通过流程再造绩效分析企业绩效（李灿，2012）；创新的商业模式能够提升企业的社会责任履行水平并实现两者的良性互动，因此可以通过社会绩效分析企业绩效（董倩，2017）；商业模式创新行为构建了商业模式的动态创新机制，因此可以通过创新机制分析企业绩效（武桂超，2018）。本书基于高科技企业的实际情况，将企业绩效分为财务绩效与市场绩效两个维度。

2.1.2.2 财务绩效的相关研究

财务绩效是企业投入资源和实施战略后，在财务方面表现出的经营成果。财务绩效反映企业资产运营管理水平、成本控制水平和股东报酬水平。目前已有研究提出的财务绩效评价方法可主要归纳为以下三种：经济增加值分析法、财务指标分析法和平衡计分卡分析法。对此，罗点点（2019）认为利用财务指标分析法能够有效研究财务绩效，钟媛（2020）进一步提出财务绩效可利用偿债水平指标、营运水平指标、盈利水平指标、发展水平指标和财务综合能力指标进行分析，这也是常用的财务绩效评价方法。

受行业特性的影响，技术研发高度不确定和商业模式创新难使得高科技企业科技成果商业化变得日益艰难，财务绩效也难以提高。因此，除去技术研发外，高科技企业尤为重视企业商业模式创新。同时,商业模式创新对财务绩效的影响也受到相关学者的关注,大部分研究表明企业由于进行商业模式创新而取得了更好的财务绩效,如表2-3所示。

表2-3 商业模式创新与财务绩效之间的关系研究

时间	学者	观点
1995	Mitchell	商业模式创新能够影响并改善企业的价值传递过程,以此降低企业的交易成本,从而提升利润
2008	Zott、Amit	商业模式创新能够为企业带来新的竞争优势,并通过新竞争优势的塑造助力企业财务绩效增长
2010	Teece	商业模式创新已成为全球企业获取持续竞争优势和提升企业财务绩效的重要手段
2012	胡保亮	商业模式创新能够显著增加企业的营业收入
2015	蔡俊亚、党兴华	新兴技术企业商业模式创新是指通过价值创新和改变原有做生意的方式,促进企业财务绩效的提升
2017	刘刚	商业模式对企业财务绩效的影响越来越大,商业模式创新可促进企业管理、劳动力和资本的效率提高
2019	周丹、李鑫、王核成	企业通过商业模式创新可以突破发展瓶颈,从而提高企业财务绩效和企业竞争力
2019	付浩	企业要创造符合时代发展的商业模式,同时要实施与该商业模式相得益彰的财务战略,从而保证商业模式的有效运行,进而创造价值和获取更大的财务绩效
2019	潘敏	商业模式创新正向影响企业财务绩效,这一过程通过经济增加值提高、营业收入和净利率显著好转得以实现
2019	李亚	用四个财务能力指标评估商业模式创新对财务绩效的影响水平:盈利能力增强;资产周转速度加快,营运能力提升;优化资本结构,偿债能力提高;成长能力增强

续表

时间	学者	观点
2020	张桂杰	从战略、营销和技术等商业模式的创新角度探讨青岛啤酒的财务绩效，发现商业模式创新在一定程度上提高了公司的产品竞争能力，提升了销售净利率和净资产收益率，提高了投资者的回报

有些学者将商业模式创新的测度作为研究角度，分别分析效率型商业模式创新和新颖型商业模式创新对企业财务绩效的影响，分析结果表明：效率型商业模式创新和新颖型商业模式创新均有助于企业财务绩效水平的提高，而且效率型商业模式创新对企业财务绩效的影响更大（陈亚光等，2017）。黄晓天（2020）亦同意此观点，并指出商业模式是企业获取利润的外在体现，商业模式对企业财务绩效影响的动态过程表现为商业模式创新引起企业财务绩效的变化。企业通过整合内外部资源和现金流结构等因素提高销售收入，降低企业成本，优化现金流结构，最终提高企业财务绩效。而商业模式创新通过提高企业在该行业的市场竞争优势来打造品牌知名度，以此侧面提升企业财务绩效。企业商业模式创新对财务绩效的影响包括直接影响与间接影响，间接影响借助市场绩效对企业财务绩效产生影响。有别于以上观点，Kastalli 和 Looy 在 2013 年提出了"商业模式统一化的企业之间存在较大的绩效差距"的观点，这反映出商业模式创新与财务绩效之间不存在显著的关系。我国的一些学者也持有

相似的观点，例如李巍等（2016）发现，在效率边界的作用下，效率型商业模式创新与经营绩效之间存在倒 U 型关系。杨俊等认为效率型商业模式创新创造的效率优势能在短期内实现顾客规模化扩张，因此塑造企业销售收入优势，但并不一定会必然提升企业的盈利水平；新颖性商业模式创新的新颖优势则难以在短期内实现顾客规模化扩张，在短期内反而有可能会降低企业财务绩效。

因此，目前对商业模式创新是否能促进财务绩效仍然没有得出一致结论。许多学者认为企业商业模式创新并不能提高财务绩效，这是因为虽然商业模式创新能够实现价值创造，但是由商业模式创新所创造的新价值并不一定能让企业在当下获益。Casadesus-Masanell 和 Zhu（2013）对此指出，保护商业模式创新的结果能够提高企业从中获益的能力。刘宇宁（2020）在研究永辉超市商业模式创新对财务绩效的影响时，发现商业模式创新对财务绩效存在积极影响，也存在消极影响。积极影响是提高企业盈利能力以及降低企业成本；消极影响是企业经营风险增加、盈利周期不确定、财务风险增大。成母林（2020）选取在互联网时代积极寻求战略及组织变革的 20 家典型白酒上市企业为样本案例，通过模糊集定性比较分析研究了战略人力资源管理与商业模式创新的不同匹配组态对企业绩效的影响，结果表明承诺型和控制型人力资源管理匹配新颖型商业模式创新更能带来高绩效；而一味重视商业模式创新,忽略战略人力资源管理,则不能带来高绩效。

2.1.2.3 市场绩效的相关研究

市场绩效是指在特定的市场份额中,通过企业的市场战略、营销策略与产品特质所形成的价格、利润以及品牌等方面的最终市场成果。从企业的超额收益率和累计超额收益率可以看出企业的市场反应情况(葛爱青,2020),因此这两者可被视为市场绩效的维度。

相较于财务绩效,有关市场绩效的研究较少,有关商业模式创新与市场绩效关系的研究也较为缺乏。但目前有些学者已经把研究视角聚焦于商业模式创新与市场绩效的关系上,并且一致认为:商业模式的创新通过塑造企业的竞争优势,提高企业在市场中的竞争力,进而促进市场绩效的大幅度增长。有关商业模式创新对市场绩效的影响研究,大多认为商业模式创新能够为企业找寻到或创造出新的市场,影响企业的市场占有率,使企业在市场中表现得更加有效率,从而帮助企业获取更多的利益。谢雅倩(2019)从全球市场占有率、国内外销售比重、智能产品占有率等方面综合分析商业模式创新对企业市场绩效的影响,发现这一影响表现在市场占有率的变化上:随着商业模式创新的深入,公司全球市场占有率持续上升;在海外销售占比提升的过程中,销售渠道得到拓展,品牌知名度得到提升,公司海外市场盈利前景可观;在智能产品占有率层面,智能化产品占比提高,企业市场开拓的后续迸发力较强。还有一些学者也进行了类似的研究，如表 2-4 所示。

表 2-4 商业模式创新影响市场绩效的表现

时间	学者	观点
1997	Zott	商业模式创新有助于提高企业市场份额和企业对上下游企业的议价能力，从而降低经营交易成本，最终帮助企业提升市场绩效
2007	Giesen、Berman、Bell	商业模式创新可以帮助企业开拓新的市场或者在现有市场中提高经营效率，从中获取更高的利益
	Seelos、Mair	商业模式创新是企业开拓原有市场和潜在市场的利器
2009	Kamuriwo	实施商业模式创新可以显著提高产品市场战略对企业市场绩效的改善效应
2015	庞长伟、李垣和段光	实施商业模式创新能够提高企业市场绩效；良好的整合能力是企业实施商业模式创新的基础，可以帮助企业有效地识别市场机会、选择合作伙伴、优化资源与能力的配置、控制风险；可以促进创新，帮助企业开发新产品、新服务，开辟新市场，提高市场占有率
2018	齐昕、刘家树	商业模式创新在探索式产品创新影响品牌绩效的过程中表现为正向调节作用，对此，企业需要不断通过权变的商业模式创新提高品牌绩效
2019	李亚	由于进行商业模式创新，企业市场占有率有了明显的提升；商业模式创新带来的商业模式独特性能满足客户个性化、敏捷化的需求，为客户提供独特的服务；商业模式创新能提高客户满意度
	卜云峰、郭建琴	企业需要重构商业模式，以客户为中心，树立小客户原则，拉近与客户的关系，以此赢得市场主导权

虽然大部分学者研究市场绩效的切入点是市场占有率和新市场开辟情况，但随着市场环境日益复杂化，关于商业模

式创新对市场绩效的研究也逐渐增多，这得益于商业模式的重要性与商业模式创新方式的改进。张晓玲等（2015）发现，企业商业模式创新所需的关键性资源投入正向影响企业的市场绩效，商业模式创新改变了关键资源的数量与利用方式，有助于提高市场绩效；丁宁和丁华（2020）运用实体零售开展全渠道商业模式创新的时间差异构建双重差分模型，证实全渠道商业模式创新能显著促进实体零售市场绩效的提升。有别于上述学者，Micheal和Coles（2003）与翁君奕（2004）另辟新径，从竞争优势角度出发进行研究，认为商业模式创新为企业赢得市场绩效的原因在于，企业进行商业模式创新能获取先发优势，从而率先赢得新顾客的信赖；周琪等（2020）认为企业管理者需结合自身优势进行战略导向的选择、培育和发展，同时应关注商业模式创新过程与不同战略选择的匹配，以利用商业模式创新的价值创造逻辑最大限度地提升市场竞争优势，以此改善市场绩效。

商业模式创新类型的差异会导致企业产生不同的市场绩效结果。吴隽、张建琦和刘衡（2016）认为，相比效率型商业模式创新，新颖型商业模式创新能更有效地促进企业市场绩效的提升。这一发现为企业商业模式创新提供了方向。

2.1.2.4　文献评述

综合以上研究可以发现：首先，现有研究对企业绩效概念的界定差异较大，主要侧重于过程、结果、综合三方面，但是随着高科技企业经营环境的日益复杂化与经营管理条件的逐步改善，企业并不能从单方面思考企业绩效，而要综合过程与结果对企业的经营情况进行分析。其次，企业绩效的测度研究非常丰富，虽然整体来看学者们的观点不一致，但是部分学者对企业绩效维度的划分存在相似性，其中财务绩效普遍被认为是企业绩效的维度之一。最后，在考虑商业模式创新对企业绩效的影响的过程中，笔者发现现有研究大多讨论商业模式创新对财务绩效的影响，而在商业模式创新对市场绩效的影响方面存在较大的研究空间。

2.2 自变量1：企业定位

在数字经济时代，市场竞争更加激烈，任何企业都要在适当的时机"再定位"。所以高科技企业要应用信息及数据重新定位，及时发现目标客户群的需求和痛点，提出明确的价值主张，在目标客户群中占领独特的一席之地。

2.2.1 定义

"定位"最早出现在1969年《行业营销管理》杂志发表的文章——《定位：同质化市场突围之道》明确了定位的具体含义，即"针对敌人确立最有利的位置"。1976年，John P. Maggard对外部定位、内部定位、迎头定位、社会责任定位等概念进行界定，通过一系列的管理学案例证明定位有助于企业实行营销战略。因此，定位受到营销界的追捧。1980年，杰克·特劳特和艾·里斯在《定位》一书中举例证明企业市场的变化对企业定位的影响程度以及企业定位对企业营销的关键程度。同年，迈克尔·波特率先在战略管理领域运用定位理论，并且在《竞争战略》中表明"定位"有三个互异但相互重叠的原点：第一个是以为某一个行业提供某类产品或服务为原点；第二个是以尽可能满足目标客户群全部需求为原点；第三个是以按照不同渠道细分客户为原点。

定位理论自提出后便不断被发展和完善。随着生产力水平的提高，市场逐渐饱和，消费者的需求也日益多元化，因此产品市场也愈加细化，随之而来的是企业之间的竞争异常激烈。对此，企业需要在复杂多变的市场竞争中寻求合适恰当的定位。在国外定位理论的基础上，企业定位研究近几年在国内也不断丰富，如表2-5所示。

表2-5　企业定位的国内概念研究

时间	学者	观点
2006	李志容	企业定位就是在了解顾客所需利益的基础上，敲定企业在行业中的位置和目标产品市场，充分审查自己的亮点，寻找自身能够吸引消费者又能与竞争对手保持差异化的独到之处，以此确立企业及产品在市场中的独特形象，将这一形象推到消费者面前，融入消费者的意识中，使其成为企业长久发展的基础
2011	李福成	企业定位通俗来讲就是企业应该"做什么"，而能否确定好这一点是企业是否具有竞争优势的前提

续表

时间	学者	观点
2015	玉茗	企业定位就是企业在其目标客户心中设定的"形象",这一形象可体现出公司的优势和劣势以及竞争对手的优势和劣势
	冯茜群	每个企业都有自己的"相",有自己的生命线,更应该有自己的"生活方式",即企业定位。企业定位是指企业基于客户的需求设计企业的产品和品牌,并融入企业独特的文化以及形象,通过企业产品、服务或品牌在消费者心中占据一定位置
	常国俊	企业定位就是企业通过自身现有优势结合市场需求整合行业资源,挖掘新的利润增长点,拓展高端市场
2020	刘晶晶	企业定位战略是企业为合理利用内外部环境中的优势,对企业自身进行未来发展目标的总体规划,其体现的是企业在市场竞争中的核心竞争优势

由表 2-5 可知,企业定位需要解决以下三个问题:企业的产品与服务是什么;谁是目标客户;应该向目标客户怎样提供产品与服务。事实上,由于定位理论在市场营销和企业战略上的广泛应用,企业定位便逐渐分成两大类,即企业的市场定位和战略定位。市场定位是市场营销的基石,而战略定位是对组织战略的总体认知,表现的是企业在参与市场竞争时对组织与市场互动优先权的判断,对企业创新行为具有战略导向作用。

2.2.2 企业定位的相关前期研究

由企业定位的概念研究可知,企业定位就是明确企业该做什么,指企业通过对顾客需求的了解,将企业独有的个性、形象及企业文化,以及其内部的品牌和产出的产品进行塑造,从而在消费者心中占有一定的地位。数字化浪潮已经席卷全球，并且深刻影响着各行各业的发展。在云计算、移动互联和数据分析等主流技术的推动下，数字化正变得越来越重要，高科技企业的绩效要借助数字化转型过程中企业定位的重塑，实现商业模式创新和价值创造来提高。例如小米公司，因其公司定位为互联网企业，所以多元化的财务战略偏向互联网方向，小米公司采用的轻资产财务战略，使得小米手机产业的价值主要集中在产品研发、设计和软件开发以及品牌、营销和客户服务上。小米公司出于自身互联网企业的定位，选择了与互联网相匹配的轻资产财务战略，抓住了重点，适当地抛弃包袱，才使得公司有了如今的成绩。因此本书选取企业定位作为自变量，本小节将对企业定位测度的相关研究进行论述。

2.2.2.1 企业定位的测度

由于企业定位是由国外的概念翻译而来，企业定位的定义和内容的模糊性加大了学者们对企业定位测度的研究差异，如表2-6所示。

表2-6 企业定位测度研究

时间	学者	观点
2011	李福成	营销层次定位、战略层次定位、传播层次定位
2014	赵鸽	市场定位、产品定位、竞争定位
2015	常国俊	价值主张定位、商品或服务定位、目标客户定位
2015	冯茜群	产品品种类别的定位、基于满足某类特定人群需求的定位、基于不同接触途径的定位

另外，张娜（2017）不仅界定了企业定位的测度，还详细分析了各维度间的关系，认为战略定位是个体定位的导向，个体定位是战略定位的支撑。战略定位从中小企业群体出发，研究了经济、科技、社会、环境四个方面的定位；个体定位从生态位评价的角度出发，研究了企业在行业中的定位、产业链中的定位、集群中的定位。其中，行业定位用市场生态位和运营生态位加以说明，市场生态位为中小企业在行业中的产品或服务的市场表现能力，运营生态位为中小企业在行业中的自有资源优势，结合两者评价结果的高低可判断中小企业在行业中是否处于领先地位、跟随地位或者弱势地位；产业链定位用技术生态位来说明，技术生态位的高低决定其在产业链中的分工位置属于高端还是低端；集群定位用技术生态位和资本生态位予以解释，资本生态位可表明中小企业在集群中的重要程度，技术生态位表明中小企业在集群中的创新程度，结合两者的评价结果可判定中小企业在集群中的相对地位。

肖菲（2019）认为明确企业定位可以提升企业的核心竞争力，因此企业定位的各维度对企业绩效都存在影响，例如产品定位、竞争定位和战略定位。产品定位从质量、特色、社会影响等角度来影响技术研发与推广服务，能不断提升产品品质，打造清晰的产品形象，可以有效指导营销活动的顺利开展，帮助企业实现绩效增长。企业通过竞争定位可实现以高质量的服务满足目标客户的需求，在目标客户心中形成独特的地位，以此将企业自身与同行区隔开来，成为目标客户的首选，最终实现企业绩效目标。战略定位指引企业关注重点，主要反映了企业经营哲学和企业经营价值观，可帮助企业获取长期市场竞争优势。

结合高科技企业产品的竞争优势与市场实际情况以及以上学者对企业定位的测度研究可以发现，产品定位、竞争定位在高科技企业中都体现为技术导向，而营销层次定位、传播层次定位和目标客户定位在高科技企业中都体现为市场导向。因此，本书选取技术导向与市场导向两个维度对企业定位进行分析，并详细对技术导向和市场导向的相关理论进行研究。

2.2.2.2 技术导向的相关研究

技术导向以产品服务为中心，属于内向型焦点，强调"技术驱动市场"，重视技术创新在企业发展中的作用。Gatignon 和 Xuereb 最早提出技术导向的定义：企业有能力和意愿获取大量的技术背景并在新产品的开发中使用它，同时也意味着公司可以使用技术知识构建一个新的技术解决方案以满足用户的新需求。关于技术导向的内涵，大多数学者也都沿用了这一定义。例如何叶（2018）结合国内外学者对技术导向的概括，提出技术导向是企业专注于研发投入和技术开发并依托先进技术进行新产品开发的一种企业战略导向。

秉持技术导向的企业所开发的新产品一般没有明确的应用领域和市场,但却具有较强的市场竞争力。在技术导向下,企业通过研发获取先进的技术,持续地为市场提供品质优良、多样化的产品和服务,以提高企业的竞争能力。技术导向与企业绩效之间的关系研究也取得了一定的研究成果,如表2-7所示。

表2-7 技术导向与企业绩效的相关研究

关系	时间	学者	观点
技术导向对企业绩效有直接影响	2000	Voss G B,Voss Z G	技术导向对于企业绩效具有显著的正向影响
	2005	Salavou	
	2006	Pae,Zhou,Jeong	技术导向的正向作用包括盈利、技术绩效以及顾客接受在内的新产品开发绩效
		于斐	企业不能待技术成熟了再去打造产品,而是要从顾客的需求出发,适时推出新产品,并在推行新产品的过程中不断探索新技术,如此才能让产品得到用户的喜欢,使企业在竞争中先人一步
	2017	李影,朱云海,孙自愿	以2011—2015年国内高新技术企业为研究对象,在企业生命周期视角下对技术导向和社会责任导向两种战略导向及其战略协同效应对企业绩效的影响展开研究,结果表明:技术导向对绩效的影响从成长期到衰退期逐渐减弱,技术导向和社会责任导向的战略协同对企业不同生命周期阶段的绩效产生了差异化的影响

续表

关系	时间	学者	观点
技术导向与企业绩效之间的关系受到某些中介变量的影响	2007	Gao G Y, Zhou Z K, Yim C K	随着市场技术动荡性的不断提高，技术导向对企业绩效的影响由消极变为积极
	2006	Jeong I, Pae J H, Zhou D	企业的技术导向能够积极影响顾客对企业产品的接受度，有利于提高企业的技术绩效与企业利润
		Boule, Gotteland	技术导向对新产品绩效有着正向影响，并且环境对这种正向关系起到调节作用
	2010	Dobni	以技术为导向的公司会在新产品上具有特别的优势，对其经营质量和企业市场价值均有促进作用
	2013	张骁，杨忠，徐彪	技术导向能够直接促进生产技术和产品的创新，这种创新能够使企业的产品拥有强大的市场应变能力，保持企业产品的技术优势和市场优势，从而使企业获得比竞争对手更卓越的企业绩效
		Kim, Slater	技术导向能够显著提高企业产品的新颖性，这种新颖性使企业的产品与其他企业的产品形成明显的差异，有利于提高企业的新产品绩效
	2014	苏靖	企业的技术导向能够有效促进企业的知识创新，进而有利于提升企业绩效
	2017	李影	受企业生命周期影响，技术导向对企业绩效的影响从成长期到衰退期逐渐减弱
	2019	李杰义，来碧波	基于"长三角"地区240家制造企业问卷数据的实证分析表明，学习导向和技术导向对控制型HRMS、承诺型HRMS均具有显著的正向影响，学习导向和技术导向的匹配均衡和联合均衡对控制型HRMS与承诺型HRMS的匹配均衡和联合均衡具有显著的正向影响；学习导向与技术导向有助于双元型人力资源管理，进而促进企业绩效提高

续表

关系	时间	学者	观点
技术导向对企业绩效无影响	2014	俞明传，顾琴轩	企业的技术导向与企业绩效之间的关系并不显著

总体来说，虽然大部分学者认为技术导向间接影响企业绩效，但是目前关于技术导向影响企业绩效的研究还存在较大的分歧，因此技术导向对企业绩效的影响仍需进一步研究论证。

2.2.2.3 市场导向的相关研究

市场导向以用户为中心，属于外向型焦点，强调"市场引领技术"，意味着企业对顾客、品牌等外部无形资产的重视。在市场竞争日益激烈的今天，市场导向越来越得到企业的重视，成为企业战略的一个方面。学术界对市场导向也相当关注，并基于不同的视角对其进行研究。

在20世纪90年代以前，市场导向多侧重于销售运营方面的运用。Narver和Slater（1990）认为市场导向是一种以顾客为中心的企业文化，它的目标是持续为顾客创造价值，有利于企业经营活动获得良好的绩效，而且对企业绩效的这一影响是属于长期性的，不受任何竞争性环境变化的影响，市场导向的程度越强，那么新产品（服务）越容易成功。王菁娜和乔时（2010）也认为市场导向是一种由理念、制度和行为层面构成的文化体系，即通过建立市场导向机制规范市场行为，可以最有效的信息处理方式获得长久的竞争优势及卓越的稳定绩效。总体来说，学者们一致认为：市场导向基于运营理念，是一套必须通过企业自身的行动方能实现的哲学，其目的在于比同行竞争对手更好地满足顾客需求并提供卓越价值，包括但不限于提高产品或服务质量、满足潜在需求、降低顾客购买成本等，以期保持顾客黏性，创造优异的经营业绩。基于此，本书认为市场导向可以理解为企业以市场需求为中心来安排生产经营活动，通过提高顾客满意度，达到扩大销售、获取利润的目的。

许多关于市场导向的文献结果显示市场导向对组织绩效有正面影响，也对新产品绩效有正面影响，但由于不同学者研究的行业、对象都有较大区别，市场导向与企业绩效的关系研究存在很多不同的结论。本书通过对国内外文献的梳理，将市场导向与企业绩效的关系归纳为以下两种，如表2-8所示。

表2-8 市场导向与企业绩效的关系

关系	学者	观点
市场导向对企业绩效存在正向影响	Pelham&Wilson, Caruana & Pitt, Laughlin, Consuegra, Lonial, 张婧	市场导向显著正向影响企业绩效

续表

关系	学者	观点
市场导向对企业绩效存在正向影响	赵凯	在充分考虑外部环境和内部能力的基础上，以顾客价值为中心进行企业市场定位有助于企业绩效的提高
	李垣、孙永凤、张睿	高水平的市场导向不仅对企业在经济转型期的财务绩效有显著的提高，还显著影响企业其他战略绩效的提高与改进
	屈晴晴	基于市场导向的企业自主知识产权战略对技术创新绩效有明显正向影响，即企业的自主知识产权战略市场导向越明显，技术创新绩效攀升效果越理想
	汪明月、李颖明	构建市场导向的绿色技术创新体系，能够促进创新成果快速转化，企业可将需求信息和生产运营情况及时传递到供给端，并得到有效的绿色技术创新成果反馈，降低信息搜寻成本
市场导向对企业绩效不存在正向影响	Greenley	市场导向和企业的经营规模、销售收入之间不存在显著的相关关系

也有学者研究了市场导向的内容对企业绩效的影响。市场导向行为包括市场驱动导向和驱动市场导向，市场驱动导向与目前顾客、产品、已表达的顾客需求等市场信息的产生、散播及使用有关，企业要不断地吸引并留住顾客，只满足顾客已表达的需求是不够的，要更加重视顾客的潜在需求和想法；驱动市场导向让公司发现新市场与发展新技术，因此在企业创新产品和服务方面扮演着重要角色。而市场驱动导向行为会抑制专

案绩效，就如同原本突出的顾客优势因没有不断创新而逐渐消失一样，市场驱动导向也会因没有创新的想法、只回应顾客，而随着时间流逝变得较为普遍。对企业而言，不断地创造、维持长久的竞争优势和提高企业绩效的唯一办法，就是不断地加强驱动市场导向。Narver、Slater 和 Mac Lachlam（2000）认为企业要创造和维持成功，单靠市场驱动导向是不够的，还需要驱动市场导向，并且提出驱动市场导向比市场驱动导向对新产品和服务的影响强度要大。此外，王晨（2014）也对市场驱动导向和驱动市场导向对企业绩效的影响进行了深入研究，并且证实了市场驱动导向对服务创新的财务绩效有显著的正向直接影响，驱动市场导向对服务创新的顾客绩效和内部绩效皆有显著的正向直接影响。

有学者认为高科技企业的市场导向和技术导向同时影响企业绩效。当下高科技企业作为市场系统中的一员，只有真正成为技术创新主体，同市场保持良好的投入产出关系，才能更好地求得生存与发展。众所周知，高科技企业的技术创新不限于技术发明的完成，而必须延伸至科技成果的产业化应用。熊彼特曾提出，企业为了获取竞争主导地位，并在此期间取得巨额利益，才会冒着风险进行技术创新。这一观点反映了立足于市场的技术创新，其最终的目标和价值就是在市场中获取商业利益。

2.2.2.4 文献评述

通过前文对国内外学者关于企业定位相关研究的回顾，

我们可以发现三点。

首先，企业定位是一项战略性的营销手段，最初应用在广告界与营销界，后来被应用到各个领域并产生了多种维度，例如产品定位、品牌定位、市场定位、客户定位、战略定位。

其次，关于技术导向与企业绩效间关系的研究结论不一致，但是大部分学者认为选择了技术导向的企业能不断地促进产品更新，不断提升技术水平，使企业取得更多的突破性创新，从而获得潜在的竞争优势。总体来说，关于技术导向对组织新产品开发绩效影响的研究较多，而且学者们对这一问题的研究结论比较一致，然而对于技术导向与企业绩效关系的研究仅考虑新产品开发绩效是不够的，需要进一步深入研究。

最后，目前有关市场导向与企业绩效关系的研究文献相对较少，因此有必要进一步对这类关系进行探究，尝试从其他视角进行影响机理研究，以期进一步明确市场导向对企业绩效的影响过程，加深我们对这类关系的理解。

2.3 自变量2：协同管理

在数字经济时代，随着内外部环境复杂性的不断增加，传统封闭式的技术与商业模式创新变得越来越难以满足快速多变的市场需求和企业间激烈竞争的需要，创新活动正朝着开放、协同的方向发展。如何整合各种现有资源、加快协同创新步伐，进而促进资源高效利用、降低交易成本、实现绩效目标，是一个兼具现实性和理论性的重大课题。

2.3.1 定义

协同管理的核心在于"协同"，具有协作、同步和配合等内涵。协同概念最初发展自俄罗斯，其定义是在资源共享的基础上，各个独立的协同主体共同发展并实现价值创造。安索夫率先提出经济学意义上的协同概念，即"企业的整体价值大于企业各独立组成部分价值的简单总和"。随后，诸多学者也加入协同管理的研究中来。日本战略专家伊丹广之在安索夫定义的基础上更深入地探讨了协同在企业管理中的重要性，他在著作《启动隐形资产》中，把协同概念分解成"互补效应"和"协同效应"两部分，并把资源划分为实体资产和隐形资产两类，指出通过提高实体资产使用效率实现节约成本或增加销售的方式是互补效应，企业独有的隐形资产才是支撑其发展的不竭动力，企业只有充分利用它的隐形资产，才能最大限度地产生协同效应。张梓榆（2018）认为一般意义上的协同就是指协调两个及以上的不同资源或者个体，一起完成某一目标的过程或能力，在结果上表现为系统内部各个体之间相互促进与发展。协同理论的中心思想是通过构建系统内各部门之间的联系，整合各种资源和活动，创建"自组织"管理体系，以调动各参与方共同完成统一的目标，实现资源的有效配置。

协同管理是指基于协同论，管理一切管理对象的一种理论。协同管理以提高经济效益为目标，必然也会随着经济效益的要求而改变管理目标。面对发展绿色经济的大环境，郭宏（2008）认为协同管理是指基于所面临的复合系统的结构功能特征，运用协同学原理，根据实现可持续发展的期望目标对系统实现有效管理，以实现系统协调并产生"协同效应"。除了经济环境的影响，技术进步也会改变协同管理的方式。林晓伟和余来文（2018）认为信息对称是系统实现协同管理的关键，而互联网时代的协同管理是在互联网平台和生产（智能制造）平台基础上，企业（或个人、组织）为实现"1+1>2"的协同效应，以信息商品为媒介的"竞争→协作→协调→协同"的自组织管理过程。

事实上，协同管理有三层含义，即协同管理可分为三大类：一是指微观企业内部资源的协同管理，包括不同部门之间的业务协同、分部门业务指标和企业整体目标之间的协同以及多部门资源约束的协同，如库存、生产、销售、财务等各部门之间的联合运作都需要工具来进行有效的协调；二是指中观企业内部资源和外部资源之间的协同管理，即供应链协同和产学研三方协同，如制造商和分销商、原材料供应商和制造商之间的协同等；三是宏观视角下的协同管理，主要指对网络组织进行的协同治理实践，大多从治理机制的层面分析协同治理的方法。随着数字化、网络化、智能化时代的到来，网络组织的协同治理将是组织协同管理面临的重大挑战。

协同管理具有目的性、非线性、优化性、支配性和互动性等特征，如图2-1所示。如何更好地发挥整体的作用，将资源配置得合理有效并且实现企业利益的最大化，是协同管理的主要目的。将企业作为主要的研究对象，并使企业内外部的多个组织和部门参与到研究过程中，研究创新方法使企业内外部资源汇集协同，在市场等内外部环境不断发展变化的情况下，将企业的整体发展目标与战略分解到各个工作环节中，做到目标上下一致，使资源始终得到合理的利用与分配，达到企业动态经营协作并实现共同目标和创造最大价值，就是企业协同管理的实质。

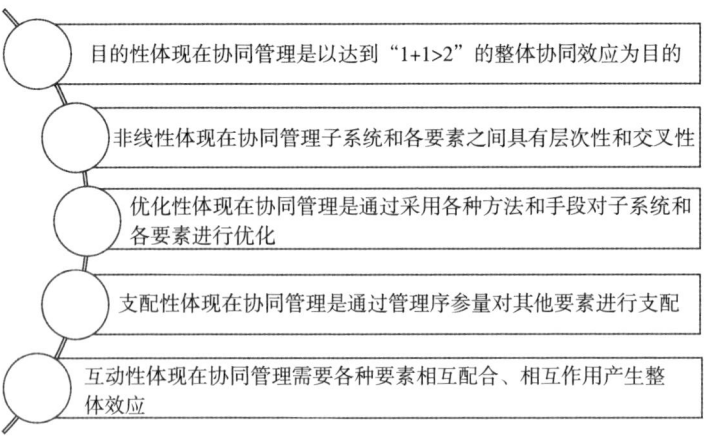

图2-1　协同管理的特征

2.3.2 协同管理的相关前期研究

由协同管理的定义可知,协同管理就是在复杂开放系统中大量子系统相互作用而产生的集体效应或整体效应。在当前的竞争环境中,高科技企业仅依靠自身资源已经无法适应市场的变化,需要整个供应链合作以应对市场变化;信息、通信、计算机网络等技术的发展,也为信息共享创造了条件。因此,本书选取协同管理作为自变量,本小节将对协同管理测度和自变量与协同管理的相关研究进行论述。

2.3.2.1 协同管理的测度

协同管理的目的是实现系统的整体协同效应,当管理系统的整体协同效应不高时,系统就会陷入无序状态。因此,协同管理的测度研究对协同效果至关重要,本书对已有文献的研究整理如表2-9所示。

表 2-9 协同管理的测度

时间	研究者	测度
1965	Ansoff	销售协同、运营协同、投资协同和协同管理
2007	Sanders	组织内部协同、组织之间协同
2009	Singh & Power	客户关系、供应商参与和企业绩效
2010	陈志军和刘晓	战略协同、文化协同、人力资源协同、供应链协同和财务协同
2016	原磊	共用效果、互补效果和同步效果

结合中国企业的管理实践，王文华等（2018）认为协同管理测度包括战略文化协同、技术协同、组织协同。其中战略文化协同是指企业与外部合作伙伴之间在目标、动机、价值理念等方面具有一致性，具体包括战略协同和文化协同。企业与合作伙伴之间需要相互信任、紧密合作，加强战略文化协同，才能够使来自不同企业的外部知识得到有效共享和整合。技术协同是指企业通过技术扫描发现和评估与企业的内部知识相匹配的外部知识，技术协同是知识协同的起点，是获取知识协同效应的前提，其实质是从知识距离角度选择合适的创新合作伙伴。在全球化竞争日趋激烈的今天，产品的生命周期缩短，技术的复杂性使得企业研发成本大幅增加，越来越多拥有丰富经验和技能的员工流动使得技术和知识分布在不同的企业，组织间技术协同是企业提高技术能力的重要手段。组织协同是指企业与创新合作伙伴之间的合作关系、合作意愿、沟通的频率和强度等，反映了组织间的协调性、亲密性等。当企业难以从市场获得必要的资源和能力时，组织协同是帮助企业解决困难的一种方法。基于此，本书选择战略文化协同、技术协同、组织协同作为协同管理的维度并对与这三者相关的理论进行详细研究。

2.3.2.2 战略文化协同的关系研究

战略文化协同包括战略协同和文化协同。战略与文化属两个不同领域，经营战略注重决策重要性，通常会借助外在力量推动资源整合；而企业文化则强调员工激励，是引领企业员工的工作行为以及状态的一类文化，企业文化建设有利于提高员工的凝聚力，促进企业生产的正规化，可推动企业战略的有效执行。由此可见战略与文化对企业的积极作用。因此，战略协同与文化协同都有助于企业绩效的提高。

战略协同对企业绩效的影响主要表现为资源共享带来的经济效益。在个人层面，企业内部协同的前提是内部每个协同成员对企业既定战略目标的一致高度认同。刘静芸（2016）认为在企业战略目标的指引下，各个行为主体以一定的组织机构为依托，共享技能和资源，达到降低成本、增强竞争力的目的。在团体管理层面，战略协同可实现单一公司管理向集团化管理跨越，发挥企业集团在资源方面享有的优势，进而实现战略协同效应带来的经济效益，提升企业集团整体的核心竞争力，最终推动企业集团不断发展壮大（王春晓，2015）。

组织文化对组织成员行为有着导向功能和约束功能。文化协同至少在四个方面对管理产生影响：一是文化协同影响部门之间的交流和相互支持，以实现项目目标；二是文化协同影响员工对项目不同目标重要性的认知及对实现不同目标的投入水平，特别是在平衡相互竞争和制约的目标时，文化协同起着重要影响作用；三是组织文化协同对项目计划编制存在影响；四是组织文化协同对绩效评价存在影响。其中前三个方面影响企业绩效的形成，第四个方面影响企业绩效的评价过程。事实上，管理大师德鲁克早已认识到了组织与员工文化协同对员工绩效的影响。例如企业文化往往也能体现企业的价值观，员工要在企业中发挥应有的作用，其价值观就必须与企业价值观保持一致，即使不完全一样也必须足够接近，否则企业就会遭受挫折、不能创造出优异的成绩，进而无法实现企业绩效的提高。

文化与战略之间虽有差异却存在一定共性，可以相互依存、彼此促进，因此战略与文化两个方面的协同也可以促进企业绩效增长。目前已有大量学者对这一作用过程进行了研究，如表2-10所示。

表2-10 战略与文化的协同与企业绩效的关系研究

时间	学者	观点
2018	张媚璘	组织内部协同方面，企业文化与企业战略的协同管理属于内部协同的范畴，只有强化内部协同管理，外部协同才能真正得以实现，企业也会在市场环境中立于不败之地；供应链管理方面，企业文化与企业战略的协同，有助于加强供应链各个环节的紧密衔接，降低企业生产管理成本，提高企业资源和信息的利用率，给企业带来更多的效益；行业竞争方面，企业文化与企业战略协同管理能够强化企业对外部环境的适应能力，使之更为符合社会经济的发展需要，企业在行业中也会占据超然的地位；管理模式方面，企业文化与企业战略的协同管理改进了企业的管理模式，促进了各个部门之间的沟通交流，保障了企业的工作效率和工作质量，对于企业经营管理水平的提升大有助益

续表

时间	学者	观点
2019	罗秋雪	企业文化和企业战略之间的关系是密不可分的，企业文化与企业战略的协同管理，可以促进企业各项管理活动顺利进行，不断提高企业经营管理水平，并不断提高企业市场竞争力，赋予企业强有力的生命力。具体表现为：有利于满足企业内外部协同管理的要求；有利于完善企业供应链管理；有利于确保企业经营管理水平稳步提升
2020	尹长燕	经营战略与企业文化协同发展策略能实现优势互补，使经营战略目标更加科学，同时也能增强员工凝聚力和归属感，为企业创造更多价值，提升企业核心竞争力，助力企业健康可持续发展，进而提高经济效益，推动企业在激烈的市场竞争中占领更多市场份额和资源
2020	陈宏毅	在企业内部做到企业文化和企业战略的协同，能够降低企业管理成本，发挥企业竞争优势
2020	李凤娟	面对日益激烈的国际竞争环境与利益相关者要求日益丰富的非市场化环境，跨国企业需要应对西方发达国家的恶意竞争和东道国迥异的制度文化环境，这要求企业兼顾战略协同与文化协同，同时关注竞争和合法性两个战略维度，实现竞争战略和合法性战略的平衡，进而保持并进一步提升竞争能力，扩大竞争优势，成为世界一流企业

2.3.2.3 技术协同的关系研究

技术协同是企业家抓住市场的潜在盈利机会，建立起效能更强、效率更高或费用更低的生产经营系统的过程，是各创新主体、创新要素之间复杂的交互作用的产物。技术协同已成为高科技企业推动研发工作的共同方式，也成为当前合作创新的主流途径。因此学术界对技术协同的方式也进行了大量的研究，以期为企业技术协同提供理论依据，如表2-11所示。

表 2-11 技术协同方式

时间	学者	技术协同方式
2004	李纪珍	合同合作模式、项目合作模式、基地合作模式、网络组织合作模式
2005	马名杰	专项技术、设立专门组织、合作研究所
2009	安慧娟	技术转让模式、联合攻关模式、委托培养模式
2012	鲁若愚	委托研究、技术转让、联合攻关、共建基地、内部一体化、共建实体
2015	王章豹	技术转让、委托研发、共建协同创新中心、共建高科技园区
	汤文珂	技术援助、技术联盟、技术并购、技术许可

以上技术协同方式都表明企业技术创新不是闭门造车，高科技企业必须从外部获取各种有益知识和信息并融入市场，使企业创新与市场环境互动，保持企业的适应性。技术协同对企业绩效目标的实现会产生不可估量的推动作用，如表 2-12 所示。对此，肖菲（2019）建议企业加强上下游联系，应用新型技术帮助公司实现与上下游企业高效的技术协同与互联。

表 2-12 技术协同对企业绩效的影响研究

时间	学者	观点
2008	盛亚和单航英	树立合作共赢意识、建立完善的企业创新网络、开放企业创新活动是提高企业技术创新绩效的有效途径
2009	Leiponen & Helfat	拓宽创新有关知识和信息的获取是提高创新绩效的重要因素；寻求与外界合作能在一定程度上使企业与合作方采取一致行动或进行联合试生产，对企业的技术创新绩效具有重要意义，并且可以突破企业自身创新资源和能力的不足，解决创新过程中的各种不确定问题，降低企业创新过程中的风险，特别是和当地的研究机构或大学进行合作研发

续表

时间	学者	观点
2010	杨皎平	产业集群可增加产业和企业的创新能力,提高产业和企业的技术创新绩效
2016	张琰飞	由于新兴技术市场的高度不确定性和复杂性,研发主体之间必须通过协同创新来规避创新风险,并提升市场竞争优势
2017	张玉帆	企政协同、企研协同、企企协同对企业成长绩效具有积极影响,其中企研协同、企企协同的技术创新作用较为突出,三种协同技术创新对吸收能力、技术创新能力有正向影响,吸收能力、技术创新能力在协同技术创新方式与成长绩效的关系中具有部分中介作用
2018	李珊珊	技术的复杂性和不确定性使得企业单纯依靠自己的力量难以实现技术创新,借助其他组织和企业的优势资源进行协同创新或许更有利于提高自己的技术创新能力:在初创阶段,企业采取技术援助协同创新模式对企业的技术创新能力提升作用最大,并从财务收益状况和未来发展状况两个方面提高企业的财务绩效。在成长阶段,企业采取技术联盟协同创新模式对企业的技术创新能力提升作用最大,并从财务收益状况和资本结构状况两个方面来提高企业的财务绩效。在成熟阶段,企业采取技术并购协同创新模式对企业的技术创新能力提升作用最大,并从资产运营状况、未来发展状况和资本结构状况三个方面来提高企业的财务绩效。在衰退阶段,企业采取技术许可协同技术创新模式对企业技术创新能力提升作用最大,并从财务收益状况方面来提高企业的财务绩效
2018	李潇	高新技术企业在发展过程中受到多方面因素的制约,如相关知识技术匮乏、创新人才紧缺、研发投入及能力有限等,仅依靠自身资源难以实现技术创新,亟须与其他创新主体联结合作,构建协同创新网络,提高企业创新绩效
2019	张密沙	供应链各企业进行技术协同创新对于提高企业的市场核心竞争力、企业绩效乃至整个供应链的稳定性、创造力和竞争力都具有非常重要的意义

2.3.2.4 组织协同的关系研究

构建企业外部系统和内部系统的侧重点不同，企业外部协同重点考虑企业间的合作模式。卡普兰和诺顿对组织协同的定义是，将公司、业务单元、支持单元、外部合作伙伴、董事会与公司战略进行衔接。通常意义上的组织协同是指中观企业内部资源和外部资源之间的协同管理，即供应链协同和产学研三方协同。产学研三方协同主要涉及技术与知识领域，而供应链的协同内容更广。这是由于随着需求个性化、分工专业化和制造业全球化进程的加剧，企业内部所拥有的资源与能力已远远无法展现其竞争优势，供应链上下游的供需关系已由松散式的竞争关系转变为协同合作式的双赢或多赢关系。供应链上下游企业要取得组织协同效应，一般可通过三种方式（张娟，2009），如图 2-2 所示。

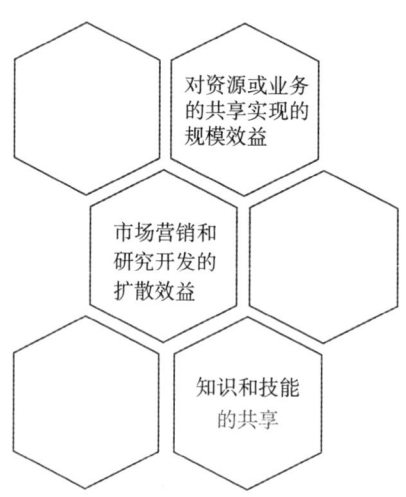

图 2-2 组织协同方式

组织协同相比战略文化协同和技术协同范围更广,因此对企业绩效也必然产生更大的影响,目前学者对组织协同的研究角度主要分为外部经营环境和内部经营流程两个角度。

从外部经营环境角度,陈继祥等(2000)和才正(2019)认为组织协同能够帮助企业应对经营环境的剧烈变化、垂直一体化的瓦解及全球化协作浪潮下的挑战,有助于企业获取更多竞争优势。

从内部经营流程角度,卡普兰和诺顿认为组织协同能驱动内部流程优异运作,从而增进与供应商、客户的良好关系并创造合作增值价值。具体表现在:供应链间的组织协同能够快速、有序、优化地协调节点企业间作业,实现在正确的交货期,将正确的物料在正确的数量订单下签提,按照正确的组织要求活动,最终达到降低供应链运作成本,并使供应链上物流、商流、信息流、资金流平稳顺畅,同时达到较好的顾客满意度,提高企业市场绩效(王琴,2011)。李晓昆(2019)也持有类似观点:高度的供应链组织协同可帮助企业快速捕获顾客定制化需求信息,及时将新产品推向市场,缩短订单交付时间,对提高企业绩效、维持竞争优势大有裨益。通过各个组织业务流程的优化,可使产品和服务在业务流程中的各组成要素依靠因果关系链连接在一起,最终使供应链节点企业实现同谋共事、共同发展、利益共享、风险共担的多赢目标(毛溢辉,2008)。

2.3.2.5 文献评述

综合以上研究结论可以发现，虽然中外专家基于不同的研究视角界定了协同管理的内涵，但这些概念的共同点是：在合作伙伴关系与信息共享的基础上，各子系统业务集成，分工协作，高效率地响应客户需求，产生了"1+1>2"的整体效应。协同管理的内涵揭示了其具备目的性、非线性、优化性、支配性和互动性等特征。

目前众多学者对于协同管理测度的观点相差很大。本书的研究主体是高科技企业，高科技企业以企业文化为核心、以企业战略为方针，通过技术创新实现经营绩效。因此本书选取战略文化协同、技术协同、组织协同作为协同管理的维度。

综合众多学者的研究观点可以发现，战略文化协同能够发挥或者提高企业的竞争优势，实现企业绩效的增长。对于战略文化协同发挥或者提高企业竞争优势的方式，目前研究主要是从企业内外部协同管理、企业供应链管理、企业经营管理水平、行业竞争等方面进行分析。

根据以往学者的研究可知，技术协同模式主要包括委托研究、技术转让、联合攻关、共建基地、内部一体化、共建实体等。相对于技术协同模式的多样性，技术协同对企业绩效的影响主要体现在技术创新绩效和竞争优势两方面。

目前研究表明，组织协同主要从外部经营环境和内部经营流程两方面对企业绩效产生影响：一方面，企业在实现自身的价值时，联合具有共同商业利益的合作伙伴，通过合作伙伴之间的信息共享，优化企业内部经营流程，创造客户价值，满足客户需求；另一方面，企业通过整合多个合作伙伴的竞争优势，应对外部经营环境的考验，实现企业利益最大化。

2.4 中介变量：商业模式创新

商业模式创新反映了企业对现有商业模式的创造与革新，是企业创新活动的重要方面。商业模式创新通过改变价值增长点来形成新的利润源。在数字经济时代，高科技企业需要及时发现价值增长点，利用商业模式创新获取竞争优势。

2.4.1 定义

从国内外的研究成果来看，商业模式研究已从商业模式概念、要素、分类等研究逐渐转向商业模式创新概念、特征、分类的研究，但由于商业模式概念的含糊性，使得学者们在商业模式创新的认识上也出现了同样问题，到目前为止，学界对商业模式创新的定义尚未完全达成共识。总体来说，学者们主要是从技术创新、战略、营销、商业模式和价值创新等视角对商业模式创新加以定义，如表2-13所示。

表2-13 基于不同视角的商业模式创新概念

研究视角	代表观点	代表人物
技术创新视角	企业通过技术创新带来一种商业化的应用	Chesbrough & Rosenbloom, Christensen, Chesbrough, Tidd & Bessant, Tse Edison
战略视角	从企业战略角度对组织实施变革即为商业模式创新	Hamel, Markides, Knecht, Tucker, Schlegelmilch, Bock
营销视角	从顾客出发，以市场为导向实现的创新即为商业模式创新	Aspara, Eisenmann
商业模式视角	商业模式创新即是对现有的商业模式构成要素进行变革	Osterwalder, Demil & Lecocq, Bucherer
价值创新视角	价值活动过程的创新即为商业模式创新	Magretta, 高闯, 乔卫国, Clauss

结合众多学者对商业模式创新概念的研究结果，张云（2015）提出了商业模式创新的特征。一是商业模式创新遵循逻辑构建：就是在了解外部环境和内部资源的基础上寻找用户需求点，通过市场整合内外部资源，并形成自身优势。二是商业模式创新秉承无边界拓展原则：在不牺牲企业利益的前提下，可与不同的利益相关者建立利益关系，扩大企业的业务规模，构建以用户需求为主体的多方位发展体系。三是强调竞争合作的策略：与各个利益相关者的合作能够使商业生态系统形成一个闭合的回路，回路内的每个企业、每个产品都能够将自身优势发挥至最大，形成有效的竞争合作

模式。

2.4.1.1 商业模式创新研究

商业模式创新的概念与特征关系到商业模式创新的分类。目前关于商业模式创新路径的研究内容主要可分为以下三类：一是基于商业模式组成要素的创新路径；二是基于过程的创新路径；三是基于价值链视角的创新路径。

第一，基于商业模式组成要素的创新路径。要素创新是一种静态创新，主要是通过改变企业商业模式的组成要素来实现创新（Weill，2001）。王鑫鑫（2011）认为，商业模式主要由内容、结构和治理三大要素构成，其中，内容要素创新是指通过前向或后向增加新颖活动，为商业模式创新添加"内容"。结构要素创新就是用较为新颖的方式将要素连接起来。治理要素创新就是指对活动内容进行变革。Huarng（2013）指出商业模式分为概念模型和财务模型两方面，概念模型主要包括市场定位、创新内容、价值来源、资源整合等要素，财务模型主要包括成本、收入和利润等要素。虽然学者们对商业模式要素的划分不同，但是不论如何划分，改变其中任何一个或多个要素便能实现商业模式创新。

第二，基于过程的商业模式创新路径。基于过程的创新理论可以分为阶段论和系统论。阶段论学者将过程创新具体分为几个阶段：Teece（2010）从战略分析的角度指出，要实现可持续的商业模式创新要经历市场细分、价值主张、价值获取和设立"隔离机制"阻碍竞争对手模仿四个阶段。Frankenberger 等（2013）指出商业模式创新要经历启动、构思、整合和实施四个阶段，是一种动态关系。系统论则从系统的动态过程角度对商业模式创新展开研究（张越、赵树宽，2014）。

第三，基于价值视角的商业模式创新路径。商业模式体现的是一种价值创造的逻辑（原磊，2017），所以商业模式创新被认为是对价值链活动进行改进（高闯等，2006）。聚焦于价值创造、价值传递和价值获取三个方面能够有效促进商业模式创新。商业模式创新的过程除了需要对价值链及其组成要素进行适度调整外，还涉及价值链上合作伙伴和客户。

2.4.1.2 商业模式创新的发展

大多数学者肯定了商业模式创新的作用。王水莲等（2014）认为商业模式创新是制造企业转型的重要路径。贾明明（2019）认为创新就是要对以往的商业模式进行全面改进，商业模式创新能够助力企业发展。郭伟光和王晨（2019）认为创新商业模式是农产品电子商务成功的关键，通过商业模式构成要素变革实现农产品O2O电子商务的商业模式创新是可行路径。喻登科和严影（2019）研究发现：华为公司创新成长依赖于其在技术创新和商业模式创新两方面的耦合协同机制；由知识驱动的技术创新提升其核心竞争力，由性格主导的商业模式创新谋求差异化竞争优势，最终相互支撑形成华为的持续竞争优势。

而对于商业模式创新的方法，学者们也有各自的观点。王静（2018）表明商业模式创新来源于企业自身的价值主张，企业的价值主张能够促进其价值网络的升级以及盈利方式的改变，进而实现企业商业模式创新。吴太轩和李鑫（2019）认为在互联网商业模式创新行为中，虽然多数行为能够提升消费者福利、促进互联网产业健康发展、推动国民经济转型升级，但其内生风险容易遏制互联网企业创新的积极性，因此需要对互联网商业模式创新进行激励。

随着信息化时代的到来，商业模式的创新也逐渐互联网化。贾琳琳（2019）认为随着信息技术的不断发展，大数据时代逐渐到来并对各行业产生了重要的影响，使得企业商业模式必须要与时俱进地实现创新，以此提升企业的竞争优势并促进企业健康发展。罗薇（2019）基于流量价值的互联网创新平台，在互联网商业模式创新方面进行了实践性探索，发现创新资金运营体系，提升资金运营效率，强力整合产业内外资源，提升企业内部资源转换能力，增强企业外部价值的获取能力，可提升公司在"互联网+"环境下的可持续竞争能力。针对此趋势，需要分析互联网商业模式创新下的问题与应对措施。叶明和郭江兰（2020）认为互联网商业模式创新由于具备差异化竞争、错位竞争、动态竞争和补贴竞争的特性,在刺激消费市场、提高竞争力的同时也带来了竞争秩序混乱、市场隐患增多等问题。由于互联网商业模式创新的竞争规范仍未形成,政府需要利用监管优势对互联网商业模式创新的两面性问题进行及时有效的治理。

2.4.2 商业模式创新的前期研究

由商业模式创新定义的研究可知,商业模式创新的本质是企业内部价值链和相关产业链的重构过程。基于这一本质特征,商业模式创新能够促进企业定位与协同管理对企业内部价值链的积极影响,从而更好地强化企业定位与协同管理对企业绩效的作用效果。因此本书选取商业模式创新作为中介变量,本小节主要对商业模式创新的测度、企业定位和商业模式创新的相关研究以及协同管理和商业模式创新的相关研究进行论述。

2.4.2.1 商业模式创新的测度

虽然很多研究证实,不同形式的商业模式创新能为企业带来积极影响,但企业为什么要进行商业模式创新、企业凭什么能够进行商业模式创新等问题始终不够清晰。可见目前学术界对于商业模式创新的测度还没有形成统一的观点。根据对国内外文献的梳理,本书将学者们对商业模式创新维度的划分观点分为四大类,如表 2-14 所示。

表 2-14　商业模式创新的测度

分类视角	地区	学者	测度划分观点
价值链视角	国外	Koen 等	技术创新、价值网络创新和财务收益率创新
		Patrick, Spieth&Sabrina, Schneider	价值主张创新、价值创造构建创新和收入模式逻辑创新
		Clauss T	价值主张创新、价值创造创新和价值获取创新
	国内	翁君奕	价值主张创新、价值保持创新、价值支撑创新
		高闯和关鑫	创新方式：价值链延展型、价值链分拆型、价值链延展与分拆结合型、价值创新型、混合创新型
		王琴	组合现有的多个产品并吸引新顾客、挖掘潜在需求增加附加值、细化顾客群体、引入新的客户群体、改变收费渠道
价值链视角	国内	孙永波	价值主张模式创新、价值创造模式创新、价值网络模式创新、价值传递模式创新
		夏清华	价值主张创新、价值生产创新、价值传递创新、价值获取创新
战略视角	国外	Osterwalder	价值主张创新、价值结构创新、目标客户创新、分销渠道创新、成本结构创新和收入流创新
		Verhoeven & Johnson	市场渗透战略的创新、市场开发战略的创新、产品开发战略的创新和多元化战略的创新
	国内	李曼	战略选择创新和运营模式创新

续表

分类视角	地区	学者	测度划分观点
系统视角	国外	Zott & Amit	效率型商业模式创新和新颖型商业模式创新
	国外	Downs & Velamuri	外部导向创新、学习能力创新、群体参与创新、业务管理团队创新和组织控制创新
创新程度视角	国外	Linder & Cantrell	挖掘型创新、调整型创新、扩展型创新和全新型创新
	国外	Osterwalder	增量型创新、全新型创新和存量型创新
	国内	原磊	完善型创新、调整型创新、改变型创新、重构型创新

综合考虑以上测度研究，本书从系统的角度进行商业模式创新的维度划分，从效率型商业模式创新和新颖型商业模式创新两方面对商业模式创新进行分析。

2.4.2.2 商业模式创新

综观以往的研究文献，不同学者分别基于价值链、企业系统、营销学、战略学等视角，较为透彻、全面地阐述商业模式创新的过程。

商业模式创新不是静态的交易或架构，而是一个优化、重组复杂资源的过程，是一个不断演化、"持续变形"的过程。究其本质，商业模式创新的目的是寻求和维持组织的核心竞争力，以实现自身利益最大化。此外，大部分学者还是以理论综合案例的方式展开分析，同时结合先进的时代背景从战略高度对企业商业模式创新提出建议。

第一，制约企业进行商业模式创新的因素。企业的现行商业模式也被称为商业模式原型或主导商业模式设计。随着社会经济的迅速发展，企业先前成功的主导商业模式无法与环境相匹配、无法再为企业创造出原有的价值，反而面临着由企业内部的惯性、冲突和环境所带来的风险。这些制约因素也成了企业进行商业模式创新的诱因（Zott，2007）。

第二，驱动企业进行商业模式创新的因素。企业要保持竞争力就需要不断地发展和改变自身的商业模式，以下驱动因素激励企业不断更新技术、提升能力、积累资源，从而推动商业模式创新。一方面，技术创新会带动商业模式创新，技术创新创造了把技术推向市场的需要和满足消费者潜在需求的市场机会（Velu，2015）。商业模式创新并不必然需要一项新技术，但是新技术往往能够催化商业模式创新（Mezger，2014）。企业各个层面的资源和能力可驱动商业模式创新。企业需要灵活、多样的动态能力来克服惯性、冲突和风险带来的影响。另一方面，而对于新创企业来说，商业模式创新需要企业或者企业领导者具有模仿、学习以及整合外部新知识和新技能的能力。企业及其高层领导者对外部环境的认知能力对于商业模式创新具有驱动作用。从组织层面来看，企业的领导者是组织中对商业模式影响最大的个体，作为商业模式的设计者，他们的能力和决策对商业模式创新是否成功有着深远的意义，商业模式创新需要特定的领导力来引导。

在成熟的产业中、利润下降时、与强大的外部伙伴联盟时，新技术会对产业的主导设计或企业商业模式原型产生威胁，这也解释了一项好的技术不能马上被市场化的原因（Sabatier 等，2010）。技术创新与商业模式创新之间存在共演关系，从企业内部来看，企业的技术创新能力有力地支撑了商业模式创新及其演化（吴晓波等，2014）。

2.4.2.3 企业定位与商业模式创新的相关研究

对于一个企业来说，企业定位至关重要，企业选择的方向和目标直接影响企业商业模式创新方向和未来的发展方向。菲利普·科特勒认为企业定位就是让公司的产品在目标顾客心中占据一个独特的、有价值的位置的行动，因此企业定位的改变会影响商业模式价值主张方面的创新。国内学者也对企业定位与商业模式创新的内在联系进行了分析，如表2-15所示。

表2-15 企业定位与商业模式创新的内在联系

时间	学者	观点
2012	马宇文，关春秀，王航，杨永清	企业定位就是解决企业"做什么"的问题。从企业的核心能力、资源配置到成本结构、收入模型，抑或是产品或者客户关系等，每个经营环节上的创新都可能演变成一种新的商业模式。因此，企业定位影响商业模式创新的方向
2014	赵鸽	企业的市场定位是一种服务于市场营销总体战略而实施的定位，它与市场营销战略关系紧密，会影响企业价值创造模式的创新
	张玉明	企业通过定位不停地细分市场，直到分到能做老大的那个品类，以此不断创新价值创造的过程

续表

时间	学者	观点
2015	常国俊	企业商业模式蓝海战略的核心命题就在于帮助企业选定一个可以据为己有的有利位置，定位不仅是企业商业战略的核心，而且是构建一个优秀商业模式的起点
	王文瑶	商业模式创新的根本原因是企业定位出现了问题
2016	林宁	企业定位就是去寻找到长期的消费群体，然后去找到其核心的需求或困惑，最后有针对性地去提供独特产品或服务
	尤完	企业定位是商业模式的要素之一，而且企业定位决定了商业模式其他要素形态的选择，特别是在企业选择商业模式的创新路径时，企业定位依然是首要的决定性因素；在产业链定位上，由于产业链条相对较长，企业可以选择的空间较大，但是，一旦选择了在产业链条上的某一个环节点进行定位，则企业所应提供的产品或服务、所必须明确表达的价值主张也就随之而确定无疑地落在这个环节的功能要求上，此时商业模式创新的方向便会受这个环节的功能要求限制
2018	郭攀	企业定位决定了企业将为市场中的哪一类具体客户提供服务，解决了商业模式的问题——企业为谁提供产品或服务，即企业的客户是谁
	黄金帅	企业定位精准化是原有商业模式进行改进方案的设计内容之一
2020	李鸿磊,刘建丽	企业定位与协同管理产生的产品与场景的虚实搭配能够实现商业模式中顾客价值方面的创造

从表 2-15 可知，企业定位不仅是商业模式创新的要素和原因，也确定了商业模式创新的内容。只有企业定位与商业模式创新方案相互适应与匹配，企业商业模式才能发挥最大的效益。

2.4.2.4 协同管理与商业模式创新的相关研究

目前学者对协同管理与商业模式创新内在联系的研究角

度区别较大，主要的研究角度可以概括为：协同管理是商业模式创新的要素、协同管理对商业模式创新的作用及重要性。

首先，有些学者认为协同管理是商业模式创新的要素。信息化的不断发展促使企业对协同管理的要求不断提高。通过协同管理等方面进行的商业模式创新，在一定程度上支撑了公司的长期发展战略，提升了企业的竞争力和商业价值（常国俊，2015）。

其次，协同管理能够推动商业模式创新。郜蕾（2020）认为企业数字化转型过程中的协同管理需求促进企业进行商业模式的创新。毕波（2020）也持有类似的观点并提出：协同管理的加强带动相关产业不断加快转型升级，实现产业内商业模式的整体创新。有些学者认为，企业协同管理对商业模式的推动作用主要借助于资源的整合。张璐等（2019）认为协同管理带来的有效资源整合和流程创新促进企业形成新的商业模式，并且这种商业模式会随资源行动演化实现"市场需求型商业模式—技术创新型商业模式—共享开放型商业模式"的创新演进。因此，当企业因创新资源和创新能力不足而无法有效支撑企业商业模式创新时，协同作用能够为企业商业模式创新提供有力支撑（唐彬等，2020）。

最后，协同管理加大了商业模式创新对价值创造的影响力。徐蕾和颜上力（2019）认为随着创新协同化趋势日益增强,以全局性、整体性创新为主要特征的商业模式创新会逐渐成为价值创造的主要来源。

2.4.2.5 商业模式对企业绩效的影响

随着企业发展的转型升级,不同的企业开始探索适于自身发展的商业模式,适合企业的商业模式能够为企业经营发展带来源源不竭的竞争力,进而提升企业的财务能力和总体价值,全面增强企业的实力,带来持续的经济收益和难以超越的竞争优势。

使用不同的商业模式会对企业绩效产生不同的影响,同样也会对经营绩效指标产生不同的影响(邬关荣、蒋梦伟,2018)。一个成功的商业模式必须是有价值的、有利可图的和可持续的。此外,一个成功的商业模式大大有助于任何企业的可持续发展,并为那些希望获得竞争优势的企业提供了一个新的框架。这说明企业要寻找适合自己的商业模式,只有这样才可以让企业进一步成长,绝不可生搬硬套。

首先,商业模式对企业财务会计方面的绩效具有十分重要的意义。张家婷和朱兆珍(2018)对商业模式做出了理论层面的定义,他们从财务层面分析出商业模式所具备的基本要素,进而找出商业模式同财务管理的关联,即这两者的目标是一致的。黄世忠和黄晓韡(2018)深入分析了商业模式在会计报表要素分类、确认、计量和列报中所扮演的与日俱增的重要角色。

其次，对于促进企业的扩张和转型，商业模式也功不可没。在科学技术水平不断提升的时代，许多传统企业由于市场需求的改变，纷纷决定往互联网方向进行转型，商业模式创新能够加速这一转型过程并且帮助企业回避部分难题（王静，2018）。张楚格（2018）通过对小米公司商业模式的探析，分析了小米成长过程中商业模式发挥的作用。郭永昊（2018）也肯定了商业模式能够帮助企业制定良好的战略。毛申伟（2018）认为企业在市场上的竞争要素发生了改变，传统的资源、市场和效率已经不再是最重要的，目前，商业模式是企业之间竞争的主要途径。

最后，对于行业的发展，商业模式也会产生深远的影响。郑旭雯（2018）研究了大数据与商业模式的关系，这有利于寻找合适的方法更加深入地应用大数据推动产业发展，进而帮助行业范围内各个企业改善经营绩效。宋罡（2017）认为新闻出版行业的传统出版在整个市场经济的影响下，也逐渐走向数字化，这种数字化的商业模式带动了这个产业的升级。

2.4.2.6　文献评述

通过以上研究可以发现：首先，商业模式创新反映了企业对现有商业模式的创造与革新，是企业创新活动的重要方面。可以从不同视角理解商业模式创新的概念，但所有的概念都认为商业模式创新可以为企业，包括顾客、合作伙伴和供应商在内的相关利益者创造价值。关于商业模式创新路径的研究主要可分为三类：基于商业模式组成要素的创新路径主要是对商业模式要素进行创新；基于过程的创新路径是对商业模式实现过程进行创新；基于价值链视角的创新路径是对企业价值链组成要素的创新，是一个优化价值链上企业价值活动、整合核心价值活动的过程。

其次，有关商业模式创新测度的研究内容相差较大，大体上可以分为价值链、战略、系统和创新程度这四个视角，价值主张创新、价值创造创新和价值获取创新是被普遍认同的测度指标。但是本书基于系统视角，利用效率型商业模式创新和新颖型商业模式创新对商业模式创新进行测度。

最后，企业定位与协同管理和商业模式创新的关系研究存在多样性。具体来说，企业定位不仅是商业模式创新的要素和原因，也影响商业模式创新的内容；协同管理与商业模式创新的关系主要表现在协同管理是商业模式创新的要素、协同管理对商业模式创新的作用和重要性三方面。

2.5 管理学理论

企业定位关系到企业的营销，STP理论的产生源于定位理论与市场营销理论的结合；组织间协同效应研究主要基于交易成本理论和企业网络理论；基于价值视角探寻价值创造、价值传递和价值捕获是商业模式创新的一个重要内容；

企业绩效，不论是财务绩效还是成长绩效都与交易成本紧密相关。在对企业定位、协同管理、商业模式创新、企业绩效等现有相关文献资料进行汇总整理的基础上，本小节主要罗列了本书涉猎的理论基础，主要有 STP 理论、交易成本理论、价值链理论与价值网络理论、社会网络理论与企业网络理论。

2.5.1　STP 理论

自从温德尔·史密斯教授在 1956 年提出市场细分理论以来，营销战略的三要素（STP）已经成为企业制定营销策略的前提，并帮助企业在激烈的竞争环境中获得一定的优势。STP 理论是著名营销学家菲利浦·科特勒对战略营销和品牌定位的巨大贡献，是现代营销的关键。现在，许多公司已经意识到自己不能吸引市场上所有的买家，或者至少不能用同样的方式吸引所有买家。购买者众多，分布广泛，其需求和购买行为差异很大，而且公司本身在不同的细分市场有着不同的服务。涂家榕（2019）认为 STP 能够使目标决策更加科学化、有助于形成品牌效应、实现项目利益最大化，帮助企业开发出真正满足市场需求的项目。企业在制订营销策略的过程中，应当以顾客需求为导向，把握市场环境，对不同客户进行市场细分，进而选择适合自己公司和产品的细分市场，最后将产品和服务向目标市场转移。在数字经济时代，技术产品更新迭代速度快,高科技企业要站在市场需求的前沿,在企业定位的基础上预测客户的需求,设计以顾客为导向的营销策略,放弃大众营销,结合 STP 理论完成市场细分、市场目标和市场定位,与合适的顾客建立良好的关系,增强企业市场竞争力,并获得市场中最盈利的那部分。S、T、P 这三个字母分别代表了营销战略的核心三要素,如图 2-3 所示。

2.5.1.1 市场细分

市场细分这一概念是 20 世纪 50 年代美国市场学家温德尔提出来的,市场细分又名市场分割,就是根据消费者需求或者营销组合的要求,把市场按照某个特征分为若干细分客户群体。市场细分是确定目标市场和市场定位的前提,直接影响目标市场和定位选择的最后结果,因此其在 STP 理论

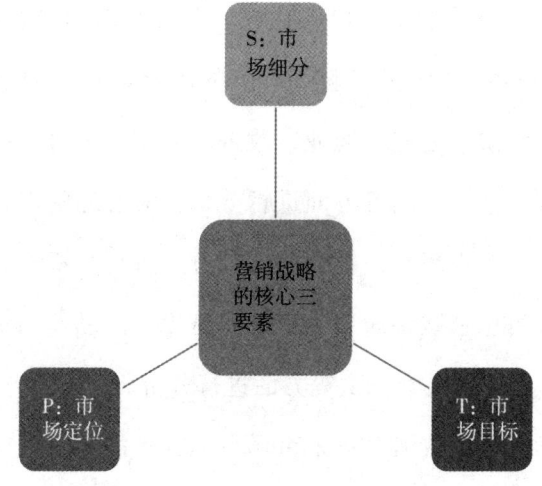

图 2-3 营销战略的核心三要素

中具有重要地位。企业的一切营销战略都应该从细分市场出发，缺少了细分市场，就很难确定目标市场，企业也就很难进行市场定位。缺少了市场定位，企业就不太可能设计出差异化的产品去满足目标市场，同时差异化的价格、渠道、推广等策略都将变成空中楼阁。对此，企业需要让专业销售人员到市场中实地调研，了解客户需求、购买能力和购买行为，据此对产品的用户群体进行细分。具体步骤可以分为以下三个方面。

第一，市场范围可以依据市场对产品的需求来确定。企业可以通过地理位置细分市场需求，把国内市场分为东部沿海区域、内陆城市；也可以根据经济发展细分，分为一线发达城市、二三线城市等；也可以按城市、农村进行细分。

第二，分析市场客户的特征、购买心理和消费行为等，研究影响目标客户实施购买行为的因素。对人的细分可以从性别、年龄、爱好、职业、收入、家庭、教育、民族、宗教、国别、社会层次等方面进行分析；对心理的细分可以从生活方式、个性兴趣、社会层次等方面进行分析；对购买行为的细分可以从购买阶段、产品忠诚度、产品使用情况、购买时间、购买者社会层次等方面进行分析。

第三，用大数据对每个市场目标客户的需求进行精准分析。例如，企业安排专人负责大数据平台，掌握地理、人口、生活方式和行为数据，帮助企业细分市场，细分到城镇，甚至是家庭。分析研究目标客户的年龄、教育水平、收入，甚至职业、家庭结构、种族、行为和生活方式等数据。

2.5.1.2 市场目标

目标市场这一概念是由美国市场学家麦卡锡提出来的，指的是再次提炼细分市场的消费趋势。对于开展市场营销活动来说，选择目标市场可起到承上启下的作用（赵锦，2020）。明确目标市场的具体做法就是结合消费者的特征以及企业的资源配置能力明确潜在客户群体。在选择目标市场时，一般有无差别市场、差异化市场和集中市场三种策略。企业应以自身产品的目标顾客需求为根本导向，根据自身的竞争优势，选择合适的目标市场和相应的营销策略。

无差别市场策略主要是指对产品面对的所有市场都设计同样的产品、同样的价格和同样的服务。企业可以运用无差异营销策略，决定其市场细分的不同之处，使产品和服务在市场中显得更为优异。这种大众营销策略关注的是消费者需求共性，而不关注个性，企业设计产品和营销策略以吸引绝大多数买家为目标。

差异化市场就是指将产品市场划分为不同的子市场，在不同的子市场中研发和生产不同的产品，并制定不同的营销策略以不同的价格进行出售。差异化营销是企业设计不同的产品满足几个细分市场不同消费者的需求，例如保洁公司营销六种不同品牌的洗衣剂，彼此在超市货架上竞争，每种品牌都在一个明确界定的细分市场中开发消费者对产品的个性化需求。

集中性市场就是在细分市场后摒弃部分相对较差的市场，选择少量的市场作为目标市场，对产品进行差异化生产和销售，在选择的目标市场中集中发挥产品优势，扩大在目标市场中所占的份额。目前，集中营销策略取得了很好的效果：企业不是在一个狭窄的市场中获得作用，而是充分体现集中营销，可以更好地了解顾客的需求，从而做出准确的市场定位；企业根据细分市场的需求，精心调整产品、价格和促销计划，使营销更加有效；企业为最有利可图的消费市场设计产品和服务、渠道和沟通计划，使营销更加高效。

2.5.1.3 市场定位

完成目标市场选择之后，企业应当进行市场定位。市场定位理论最早是由美国市场学家艾尔·里斯提出。市场定位主要分为三步：首先，辨认所有可能的顾客差异点，对照重要性、区别性、优越性、可沟通性、领先性等标准，找到能够为企业带来竞争优势的差异点，以此差异点确定企业市场定位。其次，选择合适的竞争优势和整体定位策略，通过正确的价值主张和定位陈述提出需要企业打造的市场形象。最后，有效地向市场传播，建立统一、可信的市场形象。市场定位方式有四种，分别是创新定位、迎头定位、避强定位和重新定位。企业应根据定位方式的特点与优缺点选择市场定位方式。

2.5.2 交易成本理论

交易成本理论是 20 世纪 70 年代中后期逐步形成和发展起来的一种新经济理论。

2.5.2.1 交易成本概念研究

交易费用的概念在《企业的性质》一书中首次被提出，它所包含的就是交易成本的内容。交易成本的概念自提出以来就受到了学界的密切关注，如表 2-16 所示。

表 2-16 交易成本理论的研究

时间	学者	观点
1969	Arrow	交易成本是不完全市场交易机制下引致的市场运行费用
1973	Coase	交易成本即为获得准确的市场信息所需要付出的费用以及谈判和经常性契约的费用，包含在各种可能的情况下，为获取经济收益而与人打交道时发生的一切时间、精力和物质的支出
1985	Joskow	获取和处理信息的成本、法律成本、组织成本属于交易成本
1999	张五常	交易成本即制度成本，是指在物质生产过程中不直接发生的所有成本，包含获取交易信息、交易谈判、拟定与履行合约的费用，界定与实施产权的费用，监督管理合约履行的费用和制度变更的费用

续表

时间	学者	观点
2002	威廉姆森	交易成本普遍存在，可以把交易成本看成产生的摩擦力，交易成本分为合约签订之前和签订之后两种成本内涵：事前交易成本是指因协议的起草、谈判与维护而发生的费用；而事后交易成本是指偏离了所要求的合约准则导致的不适应成本
	Rahman & Kumaraswamy	交易成本还包括违反合同承诺的相关成本
2016	徐诚直	交易成本是指从希望进行交易到完成该交易的所有成本，由交易时间、交易劳动和金钱成本（除去最后交易价格）三部分有机组成

2.5.2.2 交易成本应用研究

交易成本是获得准确市场信息、谈判和经常性契约所需要的费用。交易成本的产生有多种来源，包括交易者的投机主义、市场环境的不确定性与复杂性等。交易成本理论关注企业如何通过降低交易成本来创造并获取价值，其根本论点在于对企业的本质加以解释。由于经济体系中企业的专业分工与市场价格机能的运作，产生了专业分工的现象；但是使用市场价格机能的成本相对偏高，所以形成了企业机制，它是人类追求经济效率所形成的组织体。

价值链上各节点组织间的信息不对称容易引发有限理性和机会主义，并由此导致行为的不确定性，从而增加了交易双方信息搜寻、处理、谈判和监督等方面的交易成本。在本研究中，协同管理的目标之一就是通过消除信息不对称等因素以降低信息搜寻成本和讨价还价成本等交易成本；效率型商业模式创新强调提高交易效率，降低诸如沟通、物流、营销、生产成本等交易成本。因此高科技企业需要重视协同管理和效率型商业模式创新。

2.5.3　价值链理论与价值网络理论

随着经济全球化进程的加快和新一代信息技术的兴起，新形势下的公司不仅需要优秀的产品线，还需要完整的商业系统。在这个商业系统中，价值的传递方式已经有所不同，不像传统的从原料到制造再到消费者的过程，也不再是一个商业单位创造价值进而获得差额，然后交给后面的角色。这个商业系统不再是一条单向的价值链，而是一个多维度的价值网络。

2.5.3.1　价值链理论

1985年，波特在《竞争优势》一书中首先提出价值链的相关概念。价值链理论认为，企业是一个集合体，它不断地进行产品的设计、生产和销售等系列活动。各个活动环节都可以用价值链来说明，也就是说，企业的价值创造是由一系列活动构成的，可分为基本活动和辅助活动两类。这些不同但相关的活动的结合将构成一个创造价值的动态过程，即价值链。后来波特还指出，不仅企业内部存在价值链，企业价值链与其他经济单位的价值链也是相连的，任何企业的价值链都存在于一个由许多价值链组成的价值体系中，而且该体系中各价值行为之间的联系对企业竞争优势有着至关重要的影响。企业价值链同时与上游的供应商价值链、下游的渠道价值链和顾客价值链相连，进而构成一条完整的产业价值链。

此后，Hines将价值链重新定义为"集成物料价值的运输线"。他不仅把原材料和顾客纳入价值链，从而大大扩展了价值链的范围，还沿着价值链的流程合理地建立了价值活动的概念。除此之外，Hines认为辅助活动包括信息技术的应用，与这部分活动相关的利润也被看作有效完成这一过程的副产品。而在Porte的价值链中，信息仅被看作一系列价值增值活动中的支持元素，信息因素只是产生价值的辅助因素，而其本身不是价值的来源。部分学者也从不同的视角对价值链理论进行了深入分析，研究发现企业的竞争力在一定程度上受到价值链竞争力的影响，换个说法就是，企业间的竞争实际上就是其价值链的竞争。企业的价值链体现在更广泛的价值系统中，但在企业的价值链中并不是所有活动都能够产生价值，有可能只是其中某些活动能够形成竞争力。企业最终能实现多大价值在一定程度上会受到价值链中的每一项价值活动的影响。杨松华（2019）指出，企业通常更加重视企业价值链中的营销环节，要站在更高的角度看待企业与供应商和分销商间的关系。

2.5.3.2 价值网理论

随着信息技术的飞速发展，商业模式中的价值创造不再是单个企业的活动，而是逐渐向多个企业价值链相互合作演进,改变了以往价值链的单向沟通,价值链上各个阶段变得更加错综复杂,于是在实物价值链和虚拟价值链的交叉融汇中衍生出价值网络理论。"价值网络"一词在亚德里安·斯莱沃斯基等的《发现利润区》一书中首次出现并被视为一种重要的商业模式。价值网络事实上是指通过企业与供应商、合作伙伴、客户需求之间复杂的动态交易过程完成价值创造、价值传递,最终实现企业价值(杨学成、陶晓波,2015)。价值网络的最终价值体现为顾客价值与企业价值,前者多数表现为消费者感知利益,后者表现为企业长期盈利能力。

在价值链组合成价值网络后,原来的价值链可能依然存在于价值网络下,也可能重组成新的价值链。无论是原来的价值链还是新组成的价值链,其战略目标和行为都要服从于价值网络的战略,其对外部环境的反应速度更快、与客户的需求距离更近、对资源的获取能力更强,因此其核心能力和竞争优势也就更为明显。但是相对于价值链,价值网络能够帮助企业更好地迎接市场机遇与挑战,更好地感知并及时规避外部风险,企业经营绩效的变化往往在价值网络上有直接体现(刘明宇,2012)。高科技企业在进行商业模式创新时,不仅要注重企业价值链的优化,也需要重视供应链上下游合作伙伴的价值网络构建,借此发挥供应链协同的力量,实现企业整体竞争地位的提升。

综上所述,随着经济进入新常态和互联网的发展,传统的价值链管理方式对企业发展已经没有那么大的作用，逐渐变成价值网的管理方式。虽然学者们对价值网的表述各不相同，但都强调了价值网的增值作用。目前，我国对价值网的研究处于早期阶段，理论发展还不够成熟，对于如何在企业中应用价值网理论没有给出明确的界定。因此，将价值网理论引入高科技企业商业模式创新中具有重要的理论研究意义和推广意义。

2.5.3.3 价值网模型的构建

由上述对价值链和价值网相关理论的阐述可知，价值网络思维打破了传统价值链的线性思维，在现代经济社会中具有重大影响，本节将研究价值网模型构建的相关理论。

随着研究的深入，部分学者也对价值网模型的构建进行了相关的阐述。Kathandaraman 和 Wilson（2016）指出顾客价值是价值网模型中价值创造的主要目标，要构建以顾客价值为核心的价值创造体系。Suzanne Berger（1996）指出价值网比较注重成员核心能力的整合，发挥成员之间的协同效应，以更好地为顾客创造价值。

基于上述分析可知，价值网管理使企业重新认识了自身的优势和机会，重新发现了价值链的一些不足，使价值网成员之间的关系得到改善。

2.5.4 社会网络理论与企业网络理论

网络的思维方式可以溯源到结构主义的思想。

2.5.4.1 社会网络理论

"社会网络"是由英国人类学家布朗于1940年首次提出的。从20世纪90年代开始,社会网络理论开始应用到管理学领域。目前,学术界普遍接受的社会网络的定义为:基于个体或组织之间的复杂联系及这些个体和组织的集合。国内外学者对于社会网络理论的研究,因研究框架和视角不同而得出了不同的观点,主要包括联结力量的关系论、结构洞理论和社会资本理论,如表2-17所示。

表2-17 社会网络理论的研究分类

类别	学者	观点
联结力量的关系论(弱关系和强关系社会网络理论)	Uzzi	企业理想关系的建立应该是强关系与弱关系的某种组合
结构洞理论	Burt	网络中的位置结构比关系强度更重要,位置决定了个体对信息的获取能力;占据结构洞的企业相比网络中其他成员可以更容易地建立沟通和联系;提高自己在网络中的地位,对关键性的信息和资源占有控制权,也有利于在竞争中获得优势
社会资本理论	Bourdieu	社会资本是社会网络的存在和作用形式

2.5.4.2 企业网络理论

企业是处在社会中的,企业网络具有社会性,因此企业网络是社会网络的一部分。但是从现有的文献来看,学界对于企业网络概念尚没有形成明确统一的定义,如表2-18所示。

表 2-18 企业网络概念

时间	学者	企业网络的概念
1937	Coase	企业网络是企业与市场之间存在的一种中间状态
1993	Denn	从广义上说，企业网络是与企业各种行为相关联的所有单元的组合，是可以使相互独立的企业通过稳定的股权关系或者稳定的合同行为联结在一起的组织集合体，这种组织形式更加注重企业之间的链、层关系；从狭义上来说，企业网络是企业内部各部门相互协作、广泛联系的专业化组织
1996	Foss	企业网络是介于企业与市场之间的各种契约安排
1996	Yashino & Rangan	企业网络是彼此依赖的企业合作化安排
2000	林润辉，李维安	企业网络是活性组织节点的网络联结构成的有机系统
2001	陈昆玉	企业网络是介于市场与企业之间的一种组织治理模式
2016	李国强	企业网络是能够产生正协同效应的合作型组织
2018	张慧敏	企业网络是一种介于企业与市场之间的组织现实存在体

虽然企业网络的概念尚不清晰，但是企业网络的功能却是显而易见的。企业网络能够帮助企业获取所需资源、提升企业竞争力，从而提升企业整体优势。随着外部经营环境复杂性的提高，面对新颖复杂的技术，高科技企业在实施商业模式创新时需要树立不断嵌入合作网络中的意识，以此获取企业组织边界和技术边界外的突破性新兴技术。

2.6 假设

基于上述理论分析，本小节将提出有关企业定位与商业模式创新、协同管理与商业模式创新、企业定位与企业绩效、协同管理与企业绩效、商业模式创新中介作用的五个理论假设，以此来分析这些变量间的作用机制。

2.6.1 企业定位与商业模式创新假设

商业模式概念最早形成的时候就是描述从机会上升到创意，进而演变为企业赚钱的一种商业逻辑，而企业定位刚好就是对外部环境的战略定位以及对机会的把握。由此可见，企业定位和商业模式在机会上是相互契合的，因此很多学者认为商业模式研究要从企业定位开始（魏炜，2019；陈明，2011；孟鹰，2014）。通过企业定位，能够对公司现有商业模式进行正确的解读和评价，有助于商业模式多个要素的改变，进而提高商业模式创新的可能性（马敏，2019）。后来学者们开始纷纷从战略导向将企业定位与商业模式直接结合起来进行研究（崔楠等，2013）。

基于此，学者们沿着战略导向的角度去解读企业定位与商业模式创新的关系。有学者将战略导向细化为技术导向和市场导向，并发现这两种形式的战略定位都会对商业模式创新产生影响（李巍，2017）。此外，徐迪（2018）通过实证分析表明，高新技术企业以技术导向为目标的学习对商业模式创新具有显著的正向影响。由此可见，企业定位与商业模式创新之间关系紧密。

基于上述分析，本书提出了如下假设。

假设 H1：企业定位与商业模式创新显著正相关。

假设 H1a：技术导向与商业模式创新显著正相关。

假设 H1b：市场导向与商业模式创新显著正相关。

2.6.2 协同管理与商业模式创新假设

社会网络内相关创新主体的协同管理有助于企业获取新知识，弥补内部资源和知识的不足，推动企业创新进而提升企业价值创造。信息对称是系统实现协同管理的关键（林晓伟、余来文，2018）。一方面，效率型商业模式降低了信息不对称性，提高了交易的可靠性与交易效率，直接或间接减少了企业之间的交易成本（Zott & Amit, 2009）。另一方面，新颖型商业模式旨在实现新的产品组合、设计新的交易机制、连接新伙伴嵌入新的价值网络（Zott & Amit, 2007），最终共同实现价值创造；而新的产品组合需要企业与其他主体建立稳定可靠的合作，增强与网络成员企业之间的持续互动与信任关系，从而构建并维持资源充裕的网络状态。由此可知，协同管理与本研究中商业模式创新的测量维度存在密切联系，因此协同管理与商业模式创新也可能存在某种关系。

基于上述分析，本书提出了如下假设。

假设 H2：协同管理与商业模式创新显著正相关。

假设 H2a：战略文化协同与商业模式创新显著正相关。

假设 H2b：组织协同与商业模式创新显著正相关。

假设 H2c：技术协同与商业模式创新显著正相关。

2.6.3　企业定位与企业绩效假设

由于高科技行业具有高风险、高市场竞争、高投资成本等特征，使得顾客关系、企业品牌等市场基础资源的地位日益凸显。随着产品、服务同质化之争愈演愈烈，企业的品牌形象、产品服务、覆盖的广度、效率和运作流程等方面的综合实力，直接决定着企业的盈利能力。企业要想在同质化竞争中更好地生存，就要进行差异化的定位，以此挖掘不断提升自身实力必不可少的潜能，继而提升自身盈利能力（李秋韵，2019）。企业定位是一种战略导向的定位，很多学者通过战略导向研究企业定位与企业绩效的关系（魏泽龙等，2008；陈海涛，2011）。他们一致认为战略导向对企业绩效会产生显著影响，只是有些是直接起作用，而有些需要通过中介变量产生间接影响。对于直接作用，战略导向无论是分为成本、创新和质量导向（贾建锋等，2015），还是分为探测型和分析型导向（王德胜等，2016），都会对企业绩效产生影响。对于间接影响，战略导向可以通过机会开发模式、组织学习等中介变量对企业绩效产生影响（陈海涛，2011）。

采用以技术和市场为导向的复合战略对高科技企业具有重要的现实意义，市场导向与技术导向是企业战略导向的核心内容。何叶（2018）认为技术导向对企业经营效益和企业市场价值均有显著的正向影响；市场导向对企业经营规模有显著的正向影响。此外，实证研究也表明了市场导向与技术导向对企业绩效的作用。卢馨等（2014）通过实证研究表明：在技术型企业中，技术导向与市场导向程度双低的企业绩效最差；仅重视技术导向或仅重视市场导向的企业绩效相对较好；采用高技术导向和高市场导向的企业绩效最好。鲁成方（2013）以高科技企业为对象，采用逐步扩大检验期间的方法研究技术导向和市场导向下的两种投资行为对企业绩效的影响，并对两种战略导向的协同效应进行了研究，研究结果表明：技术导向对企业营业利润率有显著的正向影响；市场导向对营业利润率具有逐渐增强的正向影响；采取高技术导向和高市场导向相结合的企业其绩效更好。这一研究结果表明技术导向和市场导向对高科技企业具有重要意义，两者的协调配合能够对绩效产生更强的驱动力。由此可见，企业定位及其维度与企业绩效之间关系紧密。

基于上述分析，本书提出了如下假设。

假设 H3：企业定位与企业绩效显著正相关。

假设 H3a：技术导向与企业绩效显著正相关。

假设 H3b：市场导向与企业绩效显著正相关。

2.6.4 协同管理与企业绩效假设

在数字化和全球化的今天，协同管理逐渐成企业提升整体竞争力的重要方式。在技术协同方面，解学梅等（2014）认为协同双方的知识技术协同效应能够实现企业的优势互补并提高企业的产品创新绩效。在组织协同方面，Borgh等（2012）认为组织协同是企业提高技术能力的重要手段，当企业难以从市场获得必要的资源和能力时，组织协同是可以帮助企业解决困难的一种方法；贺灵等（2012）研究发现，企业与外部组织合作越紧密，有效协同度越高，越能产生更好的创新绩效；张志华等（2019）研究发现，协同创新网络对企业创新绩效有正向的积极影响。王文华等（2018）从组织协同、战略文化协同和技术协同方面分别分析了协同管理对企业的影响：组织协同可以提高组织间合作效率和资源配置效率，降低组织间协调成本；组织间在战略文化方面的相似性和包容性将促进组织间产生协同效应，还能够帮助组织间建立信任关系；技术协同有利于组织间实现效率性和增长性知识协同效应。由此可见，协同管理与企业绩效存在某种关系。

基于上述分析,本书提出了如下假设。

假设 H4:协同管理与企业绩效显著正相关。

假设 H4a:战略文化协同与企业绩效显著正相关。

假设 H4b:组织协同与企业绩效显著正相关。

假设 H4c:技术协同与企业绩效显著正相关。

2.6.5　商业模式创新中介作用假设

有很多学者一早就开始研究商业模式创新在变量之间的中介关系,本书以商业模式创新为中介变量,对相关文献进行了整理和归纳,如表 2-19 所示。

表 2-19　以商业模式创新为中介变量的实证研究

研究时间	研究者	前因变量	结果变量	研究方法
2013	夏勤伟	创业导向	企业绩效	多元线性回归分析
2014	郭海	创业机会	企业绩效	多层线性回归方法
2015	庞长伟	整合能力	企业绩效	线性回归统计方法
	宋梦岚	创业导向	企业绩效	回归分析
2016	阎婧	变革性领导	企业绩效	层次回归分析
	夏清华	创业机会	企业绩效	回归分析
	刘亚军	创业者网络能力	创业绩效	层次回归分析
	李巍	企业家精神	经营绩效	结构方程模型路径分析

续表

研究时间	研究者	前因变量	结果变量	研究方法
2017	王伟	关系网络构建行为	新创企业绩效	多层线性回归分析
	郭韬	企业家背景	企业绩效	多元回归分析方法
	刘刚	高管团队异质性	企业绩效	回归分析
	王利	动态环境	企业绩效	结构方程模型
	刘刚	企业资源	企业绩效	回归分析
	李巍	战略导向	经营绩效	结构方程模型路径分析
2019	郭海	创新开放	企业成长绩效	多元回归分析方法

由表 2-19 可知，商业模式创新这一中介变量得到了学者们的普遍认同，并被作为促进企业绩效的一个重要因素。对于结果变量，许多学者聚焦于企业绩效，只有极个别的学者定位为创业绩效和经营绩效。而前因变量相对来说差别较大，既有企业内部的资源能力，如整合能力、变革性领导能力、高管团队的异质性、企业家精神、企业资源、创业者的网络能力；也有企业外部的环境，如动态环境、创业机会、战略导向等。可以说，这些有关商业模式创新的实证研究不仅让我们客观地认识到这些变量与商业模式创新之间的关系，而且也大大丰富了现有的商业模式创新理论与实践。可见商业模式创新对企业绩效的中介作用已经成为学者们研究的共识。在此基础上，综合前文关于商业模式创新的相关

理论分析，可以发现企业绩效与商业模式创新有着密切的联系。本书以效率型商业模式创新和新颖型商业模式创新这两个维度作为商业模式创新的维度，分析商业模式创新在企业定位、协同管理与企业绩效之间的中介作用。

基于上述分析，本书提出了如下假设。

假设 H5：商业模式创新与企业绩效显著正相关。

假设 H5a：效率型商业模式创新与企业绩效显著正相关。

假设 H5b：新颖型商业模式创新与企业绩效显著正相关。

假设 H6：商业模式创新在企业定位与企业绩效之间起到中介作用。

假设 H7：商业模式创新在协同管理与企业绩效之间起到中介作用。

2.6.6　研究假设

综上所述，本书将企业定位分为技术导向和市场导向两个维度，将协同管理分为战略文化协同、技术协同和组织协同三个维度，将商业模式创新分为效率型商业模式创新和新颖型商业模式创新两个维度，将企业绩效分为财务绩效与市场绩效两个维度。本书基于以上维度来阐述企业定位、协同管理可以直接影响企业绩效和商业模式创新，以及企业定位、协同管理也会通过商业模式创新这一中介变量影响企业绩效。具体假设如表 2-20 所示。

表 2-20　本研究的假设汇总

假设编号
H1：企业定位与商业模式创新显著正相关
H1a：技术导向与商业模式创新显著正相关
H1b：市场导向与商业模式创新显著正相关
H2：协同管理与商业模式创新显著正相关
H2a：战略文化协同与商业模式创新显著正相关
H2b：组织协同与商业模式创新显著正相关
H2c：技术协同与商业模式创新显著正相关
H3：企业定位与企业绩效显著正相关
H3a：技术导向与企业绩效显著正相关
H3b：市场导向与企业绩效显著正相关
H4：协同管理与企业绩效显著正相关
H4a：战略文化协同与企业绩效显著正相关
H4b：组织协同与企业绩效显著正相关
H4c：技术协同与企业绩效显著正相关
H5：商业模式创新与企业绩效显著正相关
H5a：效率型商业模式创新与企业绩效显著正相关
H5b：新颖型商业模式创新与企业绩效显著正相关
H6：商业模式创新在企业定位与企业绩效之间起中介作用
H7：商业模式创新在协同管理与企业绩效之间起中介作用

2.7　研究框架

在文献梳理的基础上，本书依据理论分析提出企业定位与商业模式创新、协同管理与商业模式创新、企业定位与企业绩效、协同管理与企业绩效、商业模式创新中介作用等理论假设，结合本章中对各个变量的定义、测度和变量维度相关研究进行阐述。本书将以商业模式创新为中介变量，将前因变量企业定位和协同管理以及结果变量企业绩效统一纳入研究模型，沿着企业定位和协同管理—商业模式创新—企业绩效的逻辑思路，构建"自变量企业定位和协同管理—中介变量商业模式创新—因变量企业绩效"的研究模型，如图2-4所示。

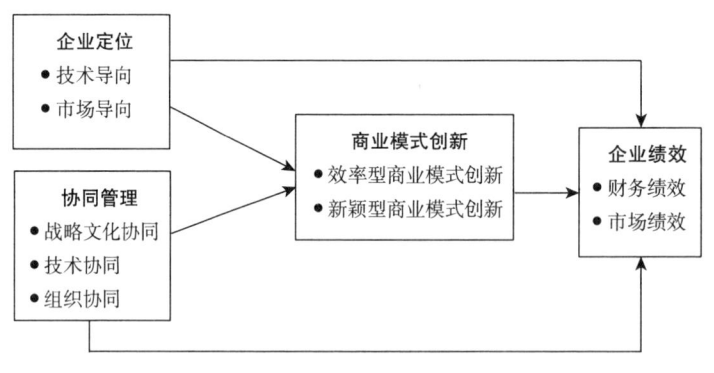

图2-4　本书研究模型

本书将绩效看作企业战略目标的结果和实现程度；企业定位是对外部环境的战略定位以及对机会的把握；协同管理是指企业以各自的战略目标为基础，通过调整、整合自身与外部的资源，使系统总功效超过个体企业单独活动的行为。在此基础上，结合上一小节的假设研究可知，企业定位和协同管理都会直接作用于企业绩效。企业内外部环境的不匹配会直接促进企业的商业模式创新，而商业模式创新会给企业带来先行优势，从而为企业开辟新的市场或者提高现有市场占有率，进而提升企业绩效。总体上国内外学者普遍认可"商业模式创新能够为企业带来更好绩效水平"的观点。此外，很多学者通过理论分析和定量实证研究证明了商业模式创新能起到中介作用，并得到了学界的普遍认同。因此，本书研究模型中因变量是企业绩效，自变量是企业定位和协同管理，中介变量是商业模式创新。在本书的研究模型中，企业定位和协同管理不仅直接正向影响企业绩效，同时它们还通过商业模式创新这一中介变量来正向作用于企业绩效。

综上所述，为了进一步揭示高科技企业的企业定位、协同管理、商业模式创新与企业绩效间的关系，本章设计了高科技企业商业模式创新的模型，为后文的问卷调查和实证分析奠定了理论和实践基础。

2.8　结论

本章基于本书的主要研究要素与相关理论进行了文献梳理。

第一，企业绩效。本章通过回顾企业绩效的概念与类别分析、企业绩效的测量指标体系的发展和选择、企业财务绩效、企业市场绩效的相关研究内容，明确了企业绩效在本书中的概念，选取了财务绩效和市场绩效两个维度对其进行梳理，最后对商业模式创新与财务绩效和市场绩效的关系进行了分析。

第二，企业定位。本章通过回顾企业定位的定义明确了企业定位需要解决的问题与类别，然后基于以往的测度研究，选取了技术导向和市场导向两个维度进行分析，并阐述了技术导向和市场导向对企业绩效的影响。

第三，协同管理。本书借助协同管理基本概念方面的研究，揭示协同管理的类别与特征，并基于现有学者的测度研究，将协同管理划分为战略文化协同、技术协同和组织协同三个维度，重点对战略文化协同、技术协同和组织协同对企业绩效的影响进行分析。

第四，商业模式创新。本书将商业模式创新作为中介变量纳入研究范围之内，在回顾商业模式创新的基本概念后，分析商业模式创新的路径，并基于现有学者的测度研究，借助效率型商业模式创新和新颖型商业模式创新对商业模式创新进行划分，重点分析企业定位与协同管理对商业模式创新的影响。

第五，在对相关变量进行定义分析、维度划分和关系研究的基础上，本书进一步提出相关理论基础与研究假设。依据相关文献或理论概述，本书沿着企业定位与协同管理—商业模式创新—企业绩效的逻辑思路，在考虑企业定位与协同管理的影响作用的基础上，设计了高科技企业商业模式创新的模型。

3 方 法 论

如前所述，学者们已开始关注商业模式创新的实证研究。有的学者专注于商业模式创新的前因变量研究，而有的学者则侧重于对企业绩效这一结果变量进行研究，如彭元等（2019）以移动互联网的视角对电子商务企业商业模式创新的前因变量和企业绩效进行了实证研究。为此，我们从数字经济驱动下高科技企业的视角对商业模式创新及其两个前因变量和一个后果变量之间的关系进行统一的实证研究。首先提出假设，其次构建模型，再次对这些变量加以定义和测量，最后通过统计方法进行实证分析。以下详细阐述本书的研究设计。

3.1 研究方法

本书首先利用文献研究方法梳理数字经济和商业模式创新的相关文献，提出研究的问题、目的、意义、研究框架和理论假设，其次通过问卷调查研究分析方法获得研究所需的样本数据，最后通过定量实证研究方法对理论假设进行检验。

3.1.1 文献研究法

文献研究法是指通过大量阅读与研究主题相关的文献资料，梳理归纳各相关文献的主要观点，从而形成对事实的科学认识的方法。在现实中，多数研究都是在前人研究的基础上进行的，本研究也采用了这种方法。笔者参阅了大量国内外相关文献和著作，追踪梳理了商业模式创新和数字经济领域的相关研究文献，并通过对原有文献的吸收与整合，进行分析与评述，理解相关领域的研究现状与不足，结合我国从后工业经济时代向数字经济时代转型发展的要求和商业模式创新的紧迫需求，确定了本书研究主题；然后对本书研究的关键概念及其内涵、关键要素开展深入系统的梳理与研究。重点研究企业定位和协同管理等商业模式创新驱动因子与商业模式创新的作用机理；商业模式创新在企业定位、协同管理和企业绩效之间是否起到中介作用；企业定位、协同管理与企业绩效的作用机理。通过以上文献研究,构建了数字经济驱动下高科技企业商业模式创新的作用机理、内部逻辑模型,对模型中的重要概念进行界定,进而提出本书的关键假设。然后参考和借鉴部分学者对各变量的测量指标和题项,设计了本书用于问卷调查的测量量表。可以说,文献研究法是本书能否成功的重要基石,将为下一步理论与实证分析奠定坚实基础。

3.1.2 问卷调查法

问卷调查法是当前国内外在市场调查、社会调查或者其他统计调查中使用较多的一种方法,问卷主要是根据所要研究的主题设计若干个问题,以此反映该主题的现状和获取相关的研究数据,为统计和调查所用。此外,使用问卷调查法的研究者通过提出相关问题,进而对所研究的问题进行度量,搜集到原始且有效的资料。本书中采用数字化调查问卷,通过网络 APP 线上分发的方式向目标对象发送调查问卷,然后由目标对象按照调查问卷题项填写答案并通过 APP 直接提交反馈。数字化调查问卷法被普遍运用的主要原因在于标准、快捷且成本低。调查问卷的设计要规范化并可计量,这大大提高了原始数据的可靠性。本书在具体测度中首先明确采用 5 级李克特量表(Likert scale)进行测度,调查问卷要求被调查者对各个影响因素的认可程度做出评价。其次，基于文献研究整理设计了企业定位、协同管理、商业模式创新及企业绩效四个维度的问卷调查测量量表，而且企业定位、协同管理、商业模式创新的题项又隐含了细分子项。其中企业定位分为市场导向和技术导向，协同管理包含战略文化协同、组织协同及技术协同，商业模式创新包含新颖型模式创新和效率型商业模式创新。再次，通过采访部分商业模式创新研究及数字经济研究领域的专家学者和企业管理人员，获得对相关测量量表的修改意见，以提高调查问卷的内容效度，然后输出《数字经济驱动下高科技企业商业模式创新问卷调查测量量表》。最后，通过互联网APP线上工具向目标对象发放并回收调查问卷，获得调查研究所需的有效样本数据。

3.1.3 定量分析实证研究法

实证研究法是认识客观现象，向人们提供有用、实在、精确的知识的研究方法，也是针对理论分析得出的结论，做出的数量证明。为了验证商业模式创新与各变量之间的关系，本书主要采用定量分析实证研究法，以SPSS 20.0统计分析软件为数据统计分析和回归工具，以问卷调查所获得的样本数据为分析对象，对数字经济驱动下的企业定位、协同管理、商业模式创新、企业绩效等维度进行探析。首先开展描述性统计分析，对样本数据做了一个简单的分类。其次，开展信度效度分析,确保样本数据的信度和效度符合要求。最后,对理论假设模型进行实证检验,以检验各假设是否成立,并对研究结果进行解释。

3.2 分析的样本

本书通过问卷调查的方式获得所需样本数据,主要选择广东、河南、北京、浙江、江苏和上海等地的高科技企业为研究对象,这些地区属于中国数字经济比较发达的省市,样本数据可以较好地反映数字经济驱动下高科技企业商业模式创新与企业绩效之间的关系。

本研究的调查问卷全部通过互联网工具以不记名的方式获得,总共获得原始数据样本400份,剔除填写不完整或者具有明显逻辑错误的无效问卷,有效问卷为304份,问卷有效率为76%。填写调查问卷的是高科技企业基层、中层和高层主管,调查涉及中国23个省(自治区、直辖市)的企业,包含了国有企业、民营企业和外(合)资企业,企业年龄从半年到5年以上不等。

3.3 分析量表

本书研究变量的选取和测量量表的确定主要参考了国内外的研究文献,先寻找与测量变量相关的量表,然后基于数字经济环境下我国高科技企业的实际情况对测量量表进行了适当的调整和修正，所有设计均符合研究需要。主要变量测度如下所述。

在具体测度中，调查问卷要求被调查者对各个影响因素的认可程度做出评价，主要是基于5级李克特量表对其进行测度：其中数值1表示完全不同意，数值2表示不同意，数值3表示不确定，数值4表示同意，数值5表示完全同意。

本书着力于对商业模式创新及其前因变量与结果变量进行实证研究，研究主要涉及4个变量，包括2个自变量（企业定位和协同管理）、1个因变量（企业绩效）和1个中介变量（商业模式创新）。

根据量表的设计，我们统一将企业定位、协同管理、商业模式创新、企业绩效分别用EPT、SM、BMI和EPF表示，其中，EPTX1、EPTX2分别表示技术导向和市场导向，SMX1、SMX2、SMX3分别表示战略文化协同、组织协同和技术协同，BMIM1、BMIM2分别表示效率型商业模式创新和新颖型商业模式创新，EPFY1、EPFY2分别表示财务绩效和成长绩效。

3.3.1　企业定位调查问卷量表设计

定位是指企业或商品在消费者心目中占据一定的位置。本书对企业定位从市场导向与技术导向两方面开展设计与分析。

市场导向既是组织文化也是组织行为。作为文化的市场导向，认为识别与满足市场需求是指导企业营销管理实践的基本观念与行动准则，它是由顾客导向、竞争者导向与跨职能部门协调三方面内容构成。对于市场导向，Narver和Slater 开发了 MKTOR 量表，将其又细分为顾客导向、竞争者导向和跨部门协调；Kohli（1993）开发了 MARKOR 量表，将其分为市场信息的取得、市场信息在组织中的传播以及组织对市场信息的反应。结合中国市场，胡杨成开发了中国情境下非营利组织市场导向量表。李巍（2017）在对市场导向进行测量时，采用的方法与 MKTOR 量表相同，也从顾客导向、竞争者导向和跨部门协调三个方面进行。

技术导向反映了技术驱动的企业经营哲学，它认为市场青睐技术出众的产品或服务。坚持技术导向的企业倾向于在研发资产方面给予更大投入，积极并购新技术，并快速实现技术的产品化与商业化。庞长伟等（2015）认为技术导向是专注于技术领先的一种企业战略。朱秀梅认为技术导向致力于新技术，并将其应用到新产品。Barczak 从研发活动、新技术、技术领先三个方面开发了技术导向量表。李巍（2017）在对技术导向进行测量时，则从技术先进性与产品柔性这两个方面进行分析。

综合以上学者对企业定位的测量，本书从技术导向与市场导向两个维度对企业定位进行测量，本书参考 Narver 和 Slater（1990）、卢馨（2014）、李巍（2017）等的研究，从技术导向与市场导向两个维度采用 8 个测量题项对企业定位进行测定。首先从技术先进性与产品柔性两方面出发设计 4 个技术导向测量题项；其次参考和借鉴经典测量工具，从顾客导向、竞争者导向两个方面对市场导向（4 个题项）进行测量，如表 3-1 所示。

表 3-1　企业定位测量题项表

变量	题号	测量题项
企业定位	EPT-1	我们企业认为技术水平领先非常重要
	EPT-2	我们企业努力尽早应用新技术
	EPT-3	我们企业努力使产品功能多样化，以满足客户的更多需求
	EPT-4	我们企业会持续推出新产品，以满足客户需求
	EPT-5	我们企业致力于创造客户价值
	EPT-6	我们企业努力理解客户需求，并寻求满足需求的方案
	EPT-7	我们企业以顾客满意为经营目标
	EPT-8	我们企业能对竞争者的行为做出快速反应

3.3.2　协同管理调查问卷量表设计

自从安索夫（Ansoff）将协同理念引入企业管理领域以来，协同就成为企业管理要素的重要组成部分，本书将从战略文化协同、组织协同和技术协同三个维度对协同管理进行分析和研究。

战略文化协同是指实施开放式创新的企业与外部合作伙

伴之间在目标、动机、价值理念等方面具有一致性，具体包括战略协同和文化协同。组织协同是指企业与创新合作伙伴之间的合作关系、合作意愿、沟通的频率和强度等比较一致，反映了组织间协调性、亲密性等。由于竞争激烈，产品的生命周期缩短，技术的复杂性使得企业研发成本大幅增加，组织间合作是企业提高技术能力的重要手段。技术协同是指企业通过技术扫描发现和评估与企业内部知识相匹配的外部知识。

本书参考解学梅等（2015）的观点及王文华等（2018）的研究，结合专家和企业高管的意见，对协同管理的3个维度，即战略文化协同、技术协同和组织协同分别进行测度。采用8个题项对协同管理的战略文化协同（3个题项，α=0.749）、组织协同（3个题项，α=0.704）和技术协同（2个题项，α=0.771）3个维度进行测度，如表3-2所示。

表3-2 协同管理测量题项表

变量	题号	测量题项
协同管理	SM-1	我们企业与合作伙伴具有一致的合作目标及合作动机
	SM-2	我们企业与合作伙伴文化相似，经营模式相近
	SM-3	我们企业与合作伙伴能够建立沟通平台促进文化包容
	SM-4	我们企业与合作伙伴能够相互激励，进行知识和信息的交换
	SM-5	我们企业与合作伙伴能够在合作项目中合理分工、相互协作
	SM-6	我们企业与合作伙伴之间相互高度依赖
	SM-7	我们企业和合作伙伴的知识技术具有适度的相近性
	SM-8	我们企业和合作伙伴的知识技术具有适度的互补性

3.3.3 商业模式创新调查问卷量表设计

本书将商业模式创新分为效率型商业模式创新和新颖型商业模式创新。效率型商业模式创新并不强调效率本身，而是关注产业生态系统中交易成本的降低，进而使系统内部交易参与各方获利，所以本研究设计了"我们企业的商业模式能减少营销、销售、沟通等方面的交易成本"等降低交易成本的题项。新颖型商业模式创新聚焦于产业生态系统中交易参与方的类型，以及交易方式的革命性变化，如开发新的价值主张，在产业生态系统中选择新的合作伙伴，或为系统内各参与方构建新的交易方式、设计新的交易机制等，所以本研究设计了"我们企业的商业模式能够吸引新的合作伙伴"等选择新的合作伙伴的题项。

早期对商业模式创新的描述大都停留在定性层面，后期研究开发出了一些测量指标，但测量指标的选择仍存在较大差异。对于商业模式及其创新的实证研究，目前学界广泛接受的是 Zott 和 Amit（2007、2008）开发的商业模式设计测量量表，国内学者大量借鉴该量表并用于中国情境的实证研究（蔡俊亚等，2015；李巍等，2017）。本书参考 Zott 和 Amit 开发的商业模式创新量表及李巍等提出的中国情境下的量表设计，结合数字经济环境下高科技企业的需要，共采用 12 个题项对企业的商业模式创新进行测度，开发相应量表。其中 BMI-1 至 BMI-6 题项（α=0.855）对效率型商业模式创新进行测度，BMI-7 至 BMI-12 题项（α=0.811）对新颖型商业模式创新进行测度，如表 3-3 所示。

表 3-3 商业模式创新测量题项表

变量	题号	测量题项
商业模式创新	BMI-1	我们企业的商业模式能减少合作伙伴的库存成本
	BMI-2	我们企业的商业模式能减少营销、销售、沟通等方面的交易成本
	BMI-3	我们企业的交易活动很透明
	BMI-4	我们企业可以与合作伙伴共享信息，以降低产品信息不对称程度
	BMI-5	我们企业的商业模式能接触更大范围的产品、服务、信息以及潜在合作伙伴信息
	BMI-6	我们企业的商业模式可以实现快速交易
商业模式创新	BMI-7	我们企业的商业模式能提供全新的产品、信息和服务的组合
	BMI-8	我们企业的商业模式能够吸引新的合作伙伴
	BMI-9	我们企业能在交易中采用新颖的方式来激励合作伙伴
	BMI-10	我们企业的商业模式以新的方式实现双方交易
	BMI-11	我们企业不断创新我们的商业模式
	BMI-12	还存在其他潜在企业商业模式能超越我们企业的商业模式

3.3.4 企业绩效调查问卷量表设计

企业绩效分为财务绩效和成长绩效两个维度。其中，财务绩效反映企业当前的经营状况，成长绩效反映企业的长期趋势。由于企业之间差别实在太大，学界对于企业绩效的测量与评价至今尚未达成共识。企业绩效很难用单一指标加以衡量（彭元等，2019）。

朱乃平等（2014）主要用企业短期财务绩效和长期财务绩效来衡量企业绩效，并将"财务危机"作为公司财务状况的综合性评价方法。与单一的盈利能力指标（ROA）相比，财务危机程度更多地由综合财务信息决定，包括公司的盈利能力、资产流动性和财务杠杆等，这也使得财务危机概念能够提供更全面的财务绩效信息，如公司业绩和财务状况等。一家盈利的公司可能会由于遭遇现金流短缺或者不能按时履行债务责任，而导致无法生存，这在一定程度上也将对公司价值产生不利影响。企业长期财务绩效是基于企业的市场价值来衡量的财务绩效指标，其能够反映投资者对该企业未来盈利能力的预期。在财务绩效测量方法上，卢馨采用营业利润率和托宾Q来衡量企业财务绩效，李巍用产品利润率和投资回报率来测量企业财务绩效。刘井建等（2013）采用营业收入增长率、净资产收益率等6个指标对企业的成长绩效进行测定。Li和Atuahene Gima以投资回报率等3个营利性指标、净收益增长等6个成长性指标衡量新企业绩效，并设计相应的量表。

在因变量企业绩效的测度上，本书基于刘井建（2013）、朱乃平（2014）和李巍（2017）等的研究，并根据研究目的与调查对象的实际情况做了相关修改。最终，企业绩效量表采用了6个题项，它们分别对应财务绩效（3个题项）和成长绩效（3个题项），此量表在本研究中的信度系数 Cronbach'α 为 0.607，基本符合测量要求。测量题项如表 3-4 所示。

表 3-4　企业绩效测量题项表

变量	题号	测量题项
企业绩效	EPF-1	我们企业的总资产净利率 ROA 保持在较高的水平
	EPF-2	我们企业的净资产收益率 ROE 保持在较高的水平
	EPF-3	我们企业的资产流动性保持在较高的水平
	EPF-4	我们企业的新产品或新服务在不断增长
	EPF-5	我们企业的销售渠道、客户量、网络在不断增长
	EPF-6	我们企业的知识产权、品牌在不断增长

3.4　信度与效度测试

本书采用统计软件 SPSS 20.0 进行数据分析和实证检验。在进行相关变量的实证分析时，首先需要验证由问卷所得的原始数据是否具有可靠性和有效性，通常主要包括两个方面的内容，分别是量表的信度检验和效度检验。本书采用信度分析与验证性因子分析方法来检验量表的信度与效度。

信度反映检测结果的内部一致性和稳定性，信度分析是一种度量综合评价体系稳定性和可靠性的有效分析方法。本研究的信度分析主要是对量表的内部一致性系数进行检验。最常用的内在信度系数为克朗巴赫 Alpha 系数（Cronbach'α）。一般来说，α系数在0.7以上，即认为量表具有较高的内在一致性；如果α系数为0.5，即可接受信度较低；α系数为0.35，即为低信度水平。本研究采用α系数检验量表信度。

效度指测量题项的有效性程度，即测量工具能够反映出所有变量特质的程度。本研究的问卷题项主要是通过改编或借鉴已有成熟量表设计而成，因而测量的内容效度能够得到保证。我们采用探索性因子分析（EFA）及KMO检验和Bartlett球体检验方法进行效度检验。探索性因子分析的目的在于确认量表因素结构或一组变量的模型，需要考虑并决定因素或构念的选择个数，同时顾及因素负荷量的组型；探索性因子分析旨在达成建立量表或问卷的建构效度。

3.4.1 企业定位的信度效度分析

如表3-5所示，企业定位的分析结果表明：企业定位KMO检验结果显示为0.833（大于0.70），Bartlett球形检验的近似卡方值为849.334，自由度为28，显著性概率值达到显著水平（P<0.05），表明数据适合进行因子分析。

表3-5 企业定位的KMO检验和Bartlett球体检验结果

测量指标	KMO	Bartlett球体检验		
		近似卡方值	自由度	显著性
测量值	0.833	849.334	28	0.000

对企业定位量表进行探索性因子分析，分析结果如表

3-6 所示。其中，企业定位 EPT 的 α=0.840，技术导向因子 EPTX1 的 α=0.794，EPTX2 的 α=0.765，α 值均大于 0.7。同时两因子的累计解释变异率为 61.101%，表明数据是可信的。

表 3-6 企业定位的因子分析及信度检验

指标	题项	因子 DW1	因子 DW2	Cronbach's Alpha	
EPT-1	我们企业认为技术水平领先非常重要		0.756	0.794	0.840
EPT-2	我们企业努力尽早应用新技术		0.683		
EPT-3	我们企业努力使产品功能多样化，以满足客户更多需求		0.743		
EPT-4	我们企业会持续推出新产品，以满足客户需求		0.780		
EPT-5	我们企业致力于创造客户价值	0.578		0.765	
EPT-6	我们企业努力理解客户需求，并寻求满足需求的方案	0.733			
EPT-7	我们企业以顾客满意为经营目标	0.809			
EPT-8	我们企业能对竞争者的行为做出快速反应	0.781			
各因素累计解释变异率：61.101%					

3.4.2 协同管理的信度效度分析

如表 3-7 所示，协同管理的分析结果显示：协同管理 KMO 检验结果为 0.753（大于 0.70），Bartlett 球形检验的近似卡方值为 649.464，自由度为 28，显著性概率值达到显著水平（$P<0.05$），表明数据适合进行因子分析。

表 3-7 协同管理的 KMO 检验和 Bartlett 球体检验结果

测量指标	KMO	Bartlett球体检验		
^	^	近似卡方值	自由度	显著性
测量值	0.753	649.464	28	0.000

对协同管理量表进行探索性因子分析,分析结果如表3-8所示。其中,协同管理 SM 的 α=0.740,战略文化协同 SM1 的 α=0.749,组织协同 SM2 的 α=0.771,技术协同 SM3 的 α=0.704,4 个因子 α 值均大于 0.7。同时,3 个因子的累计解释变异率为 70.342%,表明数据是可信的。

表 3-8 协同管理的因子分析及信度检验

指标	测量题项	因子 SM1	因子 SM2	因子 SM3	Cronbach's Alpha
SM-1	我们企业与合作伙伴具有一致的合作目标及合作动机		0.753		0.749
SM-2	我们企业与合作伙伴文化相容,经营模式相近		0.811		
SM-3	我们企业与合作伙伴能够建立沟通平台促进文化包容		0.806		
SM-4	我们企业与合作伙伴能够相互激励,进行知识和信息的交换	0.802			0.771
SM-5	我们企业与合作伙伴能够在合作项目中合理分工、相互协作	0.840			
SM-6	我们企业与合作伙伴之间相互高度依赖	0.760			
SM-7	我们企业和合作伙伴之间的知识技术具有适度的相近性			0.882	0.704
SM-8	我们企业和合作伙伴之间的知识技术具有适度的互补性			0.870	
各因素累计解释变异率:70.342%					

(整体 Cronbach's Alpha = 0.740)

3.4.3 企业商业模式创新的信度效度分析

如表 3-9 所示,企业商业模式创新的分析结果显示:企业商业模式创新 KMO 检验结果为 0.884(大于 0.70),Bartlett 球形检验的近似卡方值为 1831.245,自由度为 66,显著性概率值达到显著水平(P<0.05),表明数据适合进行因子分析。

表 3-9 企业商业模式创新的 KMO 检验和 Bartlett 球体检验结果

测量指标	KMO	Bartlett球体检验		
^	^	近似卡方值	自由度	显著性
测量值	0.884	1831.245	66	0.000

对企业商业模式创新量表进行探索性因子分析,结果如表 3-10 所示。其中,商业模式创新 BMI 的 α=0.885,效率型商业模式创新 BMI1 的 α=0.855,新颖型商业模式创新 BMI2 的 α=0.881,3 个因子 α 值均大于 0.7。同时,BM1 和 BM2 两个因子的累计解释变异率为 61.175%,表明数据是可信的。

表 3-10 商业模式创新的因子分析及信度检验

指标	测量题项	因子1	因子2	Cronbach's Alpha
BMI-1	我们企业的商业模式能减少合作伙伴的库存成本		0.643	0.855 / 0.885
BMI-2	我们企业的商业模式能减少营销、销售、沟通等方面的交易成本		0.716	
BMI-3	我们企业的交易活动非常透明		0.803	

续表

指标	测量题项	因子1	因子2	Cronbach's Alpha
BMI-4	我们企业可以与合作伙伴共享信息，以降低产品信息的不对称程度		0.836	0.855
BMI-5	我们企业的商业模式能接触更大范围的产品、服务、信息以及潜在合作伙伴信息		0.763	
BMI-6	我们企业的商业模式可以快速交易		0.658	
BMI-7	我们企业的商业模式能够提供全新的产品、信息和服务的组合	0.821		0.885
BMI-8	我们企业的商业模式能够吸引新的合作伙伴	0.875		
BMI-9	我们企业能在交易中采用新颖的方式来激励合作伙伴	0.847		0.881
BMI-10	我们企业的商业模式以新的方式实现双方交易	0.712		
BMI-11	我们企业不断地创新我们的商业模式	0.713		
BMI-12	还存在其他潜在企业商业模式能够超越我们企业的商业模式	0.636		
各因素累计解释变异率：61.175%				

3.4.4 企业绩效的信度效度分析

如表3-11所示，企业绩效的数据分析结果显示：企业绩效KMO检验结果为0.610，勉强适合进行因子分析；Bartlett

球形检验的近似卡方值为319.226，自由度为15，显著性概率值达到显著水平（P<0.05），表明数据适合进行因子分析。

表3-11 企业绩效的KMO检验和Bartlett球体检验结果

测量指标	KMO	Bartlett球体检验		
^	^	近似卡方值	自由度	显著性
测量值	0.610	319.226	15	0.000

对企业绩效量表进行探索性因子分析，分析结果如表3-12所示。其中，企业绩效EPF的α=0.607，财务绩效EPFY1的α=0.670，成长绩效EPFY2的α=0.682，3个因子的α值均大于0.6。同时，两个因子累计解释变异率为61.058%，表明数据是可信的。

表3-12 企业绩效的因子分析及信度检验

指标	测量题项	因子1	因子2	Cronbach's Alpha
EPF-1	我们企业的总资产净利率ROA保持在较高的水平		0.684	0.670
EPF-2	我们企业的净资产收益率ROE保持在较高的水平		0.861	
EPF-3	我们企业的资产流动性保持在较高的水平		0.777	
EPF-4	我们企业的新产品或新服务在不断增长	0.830		0.607
EPF-5	我们企业的销售渠道、客户量、网络在不断增长	0.778		0.682
EPF-6	我们企业的知识产权、品牌在不断增长	0.731		
各因素累计解释变异率：61.058%				

3.5 数据采集过程

本研究所采用的调查数据均通过互联网工具以不记名的方式向目标对象发放调查问卷来获取。样本的来源主要是 MBA 专业符合条件的历届学员及符合研究要求的企业各级管理者群体。

本研究在设计调查问卷时有明确的道德考量，设计测量题项时首先考虑了避免采用涉及隐私等问题的题项，并承诺相关的数据仅用于学术研究而不会用于商业用途，同时承诺采用不记名的方式回收数据。

由于本研究的研究对象是数字经济驱动下的高科技企业，所以调查对象所代表的都是高科技企业。为了确保样本的全面性，本次问卷调查考虑了调查对象所属企业的区域分布、企业性质、企业存续时间、企业行业归属、企业人员规模等，同时考虑了调查对象的岗位角色（基层、中层、高层管理者），从调查反馈的结果来看，采样的数据符合本研究的要求。

第一，从区域分布来看，本次调查总共收到来自 23 个省（自治区、直辖市）的有效调查问卷 304 份，其中来自广东、河南、浙江、北京、上海的问卷共占 91.78%，这些地区都是中国数字经济较发达的地区。

第二，从调查对象的岗位来看，问卷调查对象覆盖企业的基层、中层和高层管理人员，其中基层管理人员占37.83%，中层管理人员占41.45%，高层管理人员占20.72%。

第三，从企业性质来看，排在首位的是中国最富活力的民营企业，占45.72%；国有企业则次之，占27.30%；外（合）资企业占16.12%。由此可以看出，被调查的高科技企业基本覆盖了主要的企业类型。

第四，从调查对象所在的企业存续时间来看，成立5年以上的企业占24.01%，成立3~5年的企业占33.88%，成立1~3年的企业占29.28%，成立不足一年企业占12.83%。

第五，从企业归属的行业来看，由于高科技企业的行业众多，本次问卷调查不能完全覆盖所有行业，从调查结果来看，信息技术产业占22.37%，高科技制造业占29.28%，互联网业18.75%，其他类占29.61%。符合本次研究的要求。

第六，从企业人数来看，23.34%的企业人数在500人以上，54.61%的企业人数在100人以下，说明高科技企业以中小企业居多。

3.6 数据分析方法

本研究采用SPSS 20.0统计软件作为分析工具，采用的分析方法包括描述性统计分析、信度效度分析、相关性分析和多元回归分析等。

3.6.1 描述性统计分析

描述性统计分析主要是对样本数据进行总体情况分析，主要包含调查对象所属企业的区域分布、企业性质、企业存续时间、企业行业归属、企业人员规模等，用来分析回收的样本数据是否符合研究的要求。

3.6.2 信度效度分析

本研究采用信度效度分析评价方法来确定各个题项及量表的一致性和信度。

3.6.2.1 信度分析

信度主要包括内在信度和外在信度两种：内在信度是指调查问卷中一组问题或整个调查表测量的问题是否属于同一个概念；外在信度是指在不同时间进行测量时，调查结果一致性程度的大小，一般采用重复测量信度的方法来检测外在信度，即在不同时间对同一对象进行多次测量，观察所得结果的一致性程度。

本书的信度分析主要是对量表的内部一致性系数进行检验，常用的内在信度系数为克朗巴赫 Alpha 系数（Cronbach'α）。一般来说，如果 α 系数在 0.7 以上，则认为量表具有较高的内在一致性，信度较好；α 系数为 0.5~0.7，被认为是可接受的信度；α 系数小于 0.5，则信度较差。一一般情况下，α系数达到0.7以上，即为理想水平。如表3-13所示。

表3-13 信度评价标准

内在信度系数	指标值	评价结果
克朗巴赫Alpha系数（Cronbach'α）	α>0.7	理想水平
	0.5<α<0.7	可接受
	α<0.5	低信度

3.6.2.2 效度分析

常用的效度可分为内容效度和结构效度。对于内容效度，本研究的问卷测量题项主要通过改编或借鉴已有成熟量表，同时通过咨询专家和企业管理者以确保量表具有较高的内容效度。对于结构效度，主要采用探索性因子分析（EFA）和KMO检验及Bartlett球体检验方法，检验各个变量是否有足够的区分效度和收敛效应，Kaise和Rice（1974）提出了KMO指标判断标准：如果KMO值小于0.5，则表示不适合因子分析；KMO值为0.5~0.6，表示不太适合进行因子分析；KMO值为0.6~0.7，表示勉强适合因子分析；KMO值为0.7~0.8，适合因子分析；KMO值为0.8~0.9，表示很适合因子分析；KMO值在0.9以上，表示非常适合因子分析。通常来说，KMO值为0.5~1，效度即可接受（如表3-14所示）。关于收敛效度，通过在量表中提取公因子的方法，用因子载荷反应公因子表示对量表的相关程度。Kerlinger（1986）指出，在因子分析中，因子负荷值越大，收敛效度就越高。一般来说，当因子负荷大于 0.5 时，则可以满足收敛效度的要求。

表 3-14　KMO 指标判断标准

指标	指标值	判断标准
KMO	0.5 以下	不适合因子分析
	0.5~0.6	不太适合进行因子分析
	0.6~0.7	勉强适合因子分析
	0.7~0.8	适合因子分析
	0.8~0.9	很适合因子分析
	0.9 以上	非常适合因子分析

3.6.3　相关性分析

相关性分析是用于研究两个或两个以上变量密切相关程度的统计分析方法。通过相关性分析，可以发现两个或两个以上变量之间的相关水平以及各变量间的相关特性。在相关性分析中，主要采用 Pearson 相关系数进行判断。Pearson 相关系数介于 –1~1 之间，可以是此范围内的任何值，相关系数绝对值越接近 1，表示两变量的关联程度越强；相关系数的绝对值越接近 0，表示两变量的关联程度越弱。当相关系数大于 0 时，表示两变量之间有正相关关系，其变化方向保持一致，在其他条件不变的情况下，一个变量随另一个变量的增加而增加；当相关系数小于 0 时，表示两变量之间有负相关关系，其变化方向相反，在其他条件不变的情况下，一个变量随另一个变量的增加而减少。

3.6.4 多元回归分析

多元回归分析是在具有相关性的变量中，将其中一个变量作为被解释变量，其余变量作为解释变量，以此建立多个变量之间的数量关系式，并将样本数据代入数量关系式进行相应分析的一种统计分析方法。多元线性回归分析研究的是一个因变量与多个自变量之间的关系；层次回归分析可以观察每一个变量对因变量是否有显著解释力；分层回归分析主要是比较两个或两个以上的回归模型，通过比较两个回归模型之间的解释贡献率是否增加或减少，来判断模型的拟合程度。如果一个回归模型的解释贡献值增加，那么该模型的拟合效果更好。

3.7 道德考量

道德考量和透明度对于本书开展的研究至关重要，本书采用的样本数据都通过调查问卷的方式获得，并且量表的设计中不存在需要保密或涉及隐私的信息。为保证通过问卷收集的数据可靠有效，从设计问卷到回收问卷始终都遵循调查方案步骤，严格把控样本数据质量。在回收问卷后，本书对调查获得的数据进行了信度和效度分析。在此基础上，最后使用回归分析方法对企业定位、协同管理、商业模式创新与企业绩效关系进行了实证检验。

道德考量要求所使用的方法与研究问题直接相关，经检验，本研究的结论与提出的问题和所得的结果具有相关性。调查问卷的受访者应在知情同意的基础上参与，知情同意原则包括研究人员提供充分的信息和参与的保证，使每个人能够理解参与的含义，并在不施加任何压力或胁迫的情况下，就是否参与做出充分知情、经过考虑和自由的决定。本研究充分考虑了受访者的知情同意原则和受访者的隐私，全程采用匿名方式获取调查数据。

此外，在整个研究过程中，我们始终恪守道德诚信准则，并做到透明公开。研究设计只针对回答特定的学术研究问题，在调查问卷首页明确指出调查所获得的数据的用途并承诺严格保密。以下为调查问卷中的承诺："×××正在做课题研究，需要搜集数据进行定量研究。我们承诺本次问卷调查仅供学术研究专用，不涉及任何商业用途，我们对您填写的内容将严格保密"。因此，本研究的样本数据获取过程是符合学术道德规范的。

3.8 本章小结

第一，阐述了本书的研究方法，具体包含文献研究法、调查问卷法和定量实证研究法。

第二，阐述了调查问卷的测量题项设计方法和具体设计。

我们主要借鉴国内外已经成熟的量表，并根据本研究实际需要，对量表进行适当的修改，以符合研究需要。共设计了34个题项，覆盖企业定位（2个因子8个题项）、协同管理（3个因子8个题项）、商业模式创新（2个因子12个题项）和企业绩效（2个因子6个题项）四个方面。

第三，开展信度和效度分析。对4个变量及9个因子开展信度和效度测试，测试结果显示所有的变量与因子均符合信度和效度要求。

第四，阐述了数据采样过程及样本数据的具体分布。本研究所采用的调查问卷均通过互联网以不记名的方式向目标对象发放，并收集和处理原始数据，最终共获得304份有效问卷。阐述了问卷的区域来源、企业性质、被调查者的角色、企业的年龄和人员规模等统计信息。从调查反馈的结果来看，样本数据符合本研究的要求。

第五，指出数据统计研究方法。本书主要采用SPSS 20.0作为实证研究的数据统计分析工具，所采用的实证分析方法包括描述性统计分析、信度效度分析、相关性分析和多元回归分析等。

第六，对道德考量进行阐述。在整个研究过程中，我们始终恪守道德诚信准则，并做到公开透明，使用的研究方法与研究问题直接相关，全场采用匿名方式获取调查数据以充分保护受访者的隐私，并对获得的数据严格保密。

4

CHAPTER 4

发现与探讨

本书通过调查问卷方法获取了相关样本数据,根据企业定位、协同管理、商业模式创新及企业绩效相关数据结构的性质,以及研究模型与假设检验的需要,本书采用统计软件 SPSS 20.0 进行实证检验和数据分析。主要检验两个方面的内容:一是量表的信度与效度检验,采用信度分析与验证性因子分析方法来检验量表的信度与效度;二是对研究假设进行验证,采用多元回归分析方法对19个假设进行一一检验。

4.1 受访者概要

本次问卷调查的受访者主要是高科技企业的各级管理者,在样本企业选取时主要目标对象为广东、浙江、上海、北京、河南等数字经济发达地区的高科技企业。并且将企业性质、企业规模大小、企业成立的时间及企业所属行业等作为参考要素。

第一，从样本结构来看，本次调查总共收到来自23个省（自治区、直辖市）的有效调查问卷304份，前五位调研对象来自广东、河南、浙江、北京、上海，合计占比91.78%，这些地区都是中国数字经济较发达的地区（如表4-1所示）。

表4-1 调查对象的地域分布

来源省份	小计/人	比例/%
广东	109	35.86
河南	69	22.70
浙江	44	14.47
北京	35	11.51
上海	22	7.24
其他	25	8.22
合计	304	100.00

第二，问卷调查对象覆盖企业的基层、中层和高层管理人员，其中基层管理人员占37.83%，中层管理人员占41.45%，高层管理人员占20.72%，相关对象的具体人数如图4-1所示。

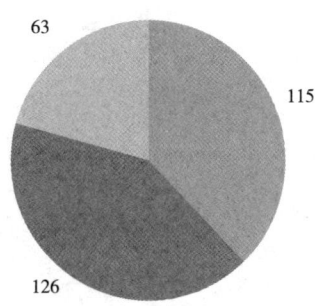

图 4-1 问卷调查对象职务分类

第三，从企业性质来看，民营企业占 45.72%，国有企业占 27.30%，外（合）资企业占 16.12%，基本覆盖了主要高科技企业的企业类型，如表 4-2 所示。

表 4-2 企业性质分类

选项	小计/人	比例/%
国有企业	83	27.30
民营企业	139	45.72
外（合）资企业	49	16.12
其他	33	10.86
合计	304	100.00

第四，从企业成立时间来看，成立 5 年以上的企业占 24.01%，成立 3~5 年的企业占 33.88%，成立 1~3 年的企业占 29.28%，成立不足 1 年企业占 12.83%，调查企业的成立时间分布如图 4-2 所示。

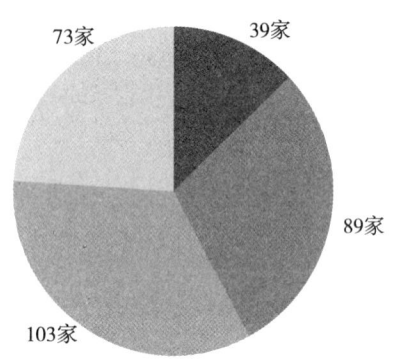

图 4-2 企业成立时间分布

第五，从企业归属的行业来看，由于高科技企业所属的行业众多，调查问卷主要选择了中国比较先进的信息技术产业、高科技制造业和互联网业作为调查项，结果显示信息技术产业占 22.37%，高科技制造业占 29.28%，互联网业占 18.75%，其他类占 29.61%，如表 4-3 所示。

表 4-3 企业归属分类

选项	小计/人	比例/%
信息技术企业	68	22.37
高科技制造型企业	89	29.28
互联网企业	57	18.75
其他	90	29.61
合计	304	约 100.00

第六，从企业人数规模来看，23.34% 的企业人数在 500 人以上，21.38% 的企业人数在 101~500 人，23.03% 的企业人

数在 51~100 人，31.58% 的企业人数在 50 人以下。由上可知，76.66% 的企业是 500 人以下的中小企业，说明高科技企业以中小企业居多。企业员工规模的分布状况如图 4-3 所示。

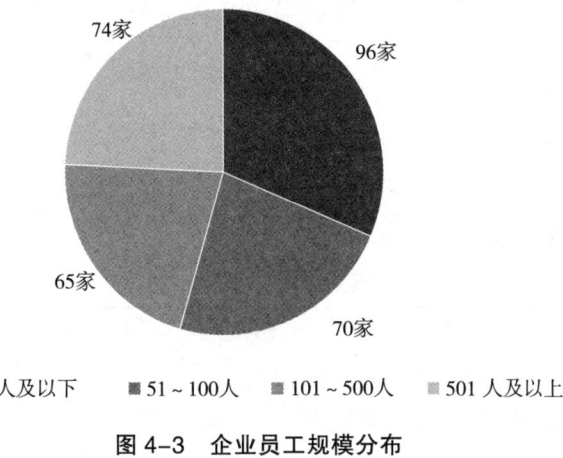

图 4-3　企业员工规模分布

4.2　研究目标 1：企业定位与商业模式创新的关系模型检验

本小节将根据已有文献以及相关的企业定位和商业模式创新理论论述，对企业定位与商业模式创新的关系模型进行检验。

4.2.1　分析

本研究将企业定位细分为市场导向和技术导向两个维度，利用 304 份调查问卷有效样本数据实证研究企业定位与商业模式创新的关系，进而探析企业定位对商业模式创新的作用路径。企业定位于商业模式创新的相关分析结果如表 4-4 所示。

表 4-4 企业定位与商业模式创新的相关分析结果

	EPT	EPTX1	EPTX2	BMI	BMIM1	BMIM2
EPT	1					
EPTX1	0.893**	1				
EPTX2	0.877**	0.566**	1			
BMI	0.315**	0.242**	0.318**	1		
BMIM1	0.322**	0.258**	0.314**	0.823**	1	
BMIM2	0.227**	0.166**	0.239**	0.885**	0.464**	1

注：*** 表示 P<0.001；** 表示 P<0.01；* 表示 P<0.05。

企业定位 EPT 与商业模式创新 BMI、效率型商业模式创新 BMIM1、新颖型商业模式创新 BMIM2 之间都显著相关。

技术导向 EPTX1 与商业模式创新 BMI、效率型商业模式创新 BMIM1、新颖型商业模式创新 BMIM2 之间都显著相关。

市场导向 EPTX2 与商业模式创新 BMI、效率型商业模式创新 BMIM1、新颖型商业模式创新 BMIM2 之间都显著相关。

要检验企业定位与商业模式创新之间的具体关系，需要进一步做多元回归分析。

企业定位与商业模式创新的多元回归分析如表 4-5 所示。其中，模型 R^2=0.107，调整 R^2=0.101，F=18.022，显著性水平 P<0.001。

表 4-5 企业定位与商业模式创新的多元回归分析结果

	未标准化回归系数		标准化回归系数	t	Sig.
	β	标准误差			
常数	2.510	0.271			0.000
EPTX1	0.087	0.063	0.091	1.377	0.170
EPTX2	0.273	0.068	0.267	4.036	0.000

EPTX1 对 BMI 回归不成立，P=0.170（>0.05）。可见假设 H1a 不成立。

EPTX2 对 BMI 回归显著，P<0.01，标准化回归系数为 0.267。可见假设 H1b 成立。

4.2.2 结果

通过企业定位与商业模式创新的多元回归分析结果可以得出如下结论。

企业定位因子市场导向（β=0.267，P<0.001）与商业模式创新呈现出显著的正相关关系，所以市场导向能够促进商业模式创新。技术导向（β=0.091，P>0.05）与商业模式创新之间没有呈现出显著的正相关关系，所以技术导向并不能促进商业模式创新。因此可以得出：

假设 H1a 不成立，技术导向与商业模式创新之间不存在显著的正相关关系。

假设 H1b 成立，市场导向与商业模式创新之间呈现出显著的正相关。

4.2.3 探讨

多元回归分析的实证研究结果充分说明了企业定位与商业模式创新之间的关系，即市场导向对商业模式创新存在显著的正向影响，技术导向对商业模式创新并没有显著的正向影响。可见企业在通过企业定位创新驱动商业模式创新时应该以市场导向为主。

4.2.3.1 假设验证结果

假设 H1a 技术导向与商业模式创新显著正相关：不成立。

假设 H1b 市场导向与商业模式创新显著正相关：成立。

4.2.3.2 文献综述理论

市场导向既是一种组织文化，也是一种组织行为。作为文化因素的市场导向，强调对市场需求的认识和满足是指导企业营销管理实践的基本理念和行动准则。技术导向强调"技术驱动市场"，主要体现的是企业的经营战略。技术型企业往往投入大量资金进行技术研发，以迅速实现技术的产品化和商业化，但这必然会造成现金流的短缺。

其中，关于市场导向对企业业务网络建设影响的研究发现，市场导向程度高的企业更容易实现资源的有效配置，实现资源的交换和积累，促进商业网络发展，使各方利益最大化。Kohli等（2017）认为市场导向可以推动企业设计师更加重视资源管理和配置，这一作用主要体现在以下两个方面：一是市场导向度高的企业往往善于倾听顾客的意见，从而获得更多的创新理念并付诸实践，对现有的产品和工艺进行优化和改进；二是商业模式创新的发展要求企业更加关注组织网络中潜在的利益相关者。Narver等（2016）相信市场导向促进高效商业模式创新，认为通过推进企业机会评价，市场导向作为一种企业文化或战略意识，往往可以实现资源和关系的合理积累和交换。

4.2.3.3 前期研究的发现

作为一种组织文化，市场导向有利于企业采取以客户为核心的商业模式革新措施。因此，企业坚持市场导向，聚焦于顾客价值和竞争者行为，既有助于针对当前市场环境现状，开发和设计以提升效率为核心的商业模式，又有助于针对潜在市场需求，依托产业生态系统开发新的价值主张，构建新的商业模式。技术的先进性与消费者的实际认知存在知识和信息上的不对称性，这使得技术导向型的企业会采取措施以规避技术不确定带来的风险。所以高科技企业一定不能脱离真实的市场需求和客户需求去盲目开展技术导向的商业模式创新。

其中，Michael（2018）通过多个案例研究分析我国B2B企业新产品开发实践的四种类型，研究发现战略绩效成功的公司不是那些仅依靠关系和响应市场变化的公司，而是以驱动市场为主要方法的公司。Bell 等（2015）认为市场导向可以在积累知识和资源的基础上，激发企业积极调动自身能力以不断拓宽知识边界和资源边界，进而促进探索能力的形成，为新颖型商业模式创新蓄力。Rosanna Garcia（2018）研究发现，企业在应对采取可持续的市场导向所面临的挑战时，激活了可获取性资源和有效性资源，从而激发了商业模式的创新。

4.3 研究目标2：协同管理与商业模式创新的关系模型检验

本小节根据已有文献和相关的协同管理与商业模式创新理论论述，对协同管理与商业模式创新的关系模型进行检验。

4.3.1 分析

本研究将协同管理细分为战略文化协同、组织协同和技术协同三个维度，利用从304份调查问卷中获得有效样本数据实证研究协同管理与商业模式创新的关系，进而探析协同管理对商业模式创新的作用路径。

协同管理与商业模式创新的相关分析结果如表4-6所示，由分析结果可以得出以下关系结论。

表 4-6　协同管理与商业模式创新的相关分析结果

	SM	SMX1	SMX2	SMX3	BMI	BMIM1	BMIM2
SM	1						
SMX1	0.780**	1					
SMX2	0.814**	0.465**	1				
SMX3	0.469**	0.089	0.108	1			
BMI	0.473**	0.438**	0.390**	0.120*	1		
BMIM1	0.460**	0.407**	0.413**	0.093	0.823**	1	
BMIM2	0.361**	0.350**	0.270**	0.111	0.885**	0.464**	1

注：*** 表示 $P<0.001$；** 表示 $P<0.01$；* 表示 $P<0.05$。

协同管理 SM 与商业模式创新 BMI、效率型商业模式创新 BMIM1、新颖型商业模式创新 BMIM2 之间都显著相关。

战略文化协同 SMX1 与商业模式创新 BMI、效率型商业模式创新 BMIM1、新颖型商业模式创新 BMIM2 之间都显著相关。

组织协同 SMX2 与商业模式创新 BMI、效率型商业模式创新 BMIM1、新颖型商业模式创新 BMIM2 之间都显著相关。

技术协同 SMX3 与商业模式创新 BMI 之间呈现弱相关关系。

技术协同 SMX3 与效率型商业模式创新 BMIM1、新颖型商业模式创新 BMIM2 之间不相关。

对于协同管理与商业模式创新之间的具体关系，需要进一步做多元回归分析。

协同管理与商业模式创新的多元回归分析如表 4-7 所

示，其中模型的 $R^2=0.241$，调整 $R^2=0.233$，F=31.733，显著性水平 P< 0.001。

表 4-7 协同管理对商业模式创新的多元回归分析结果

	未标准化回归系数		标准化回归系数	t	Sig.
	β	标准误差			
常数	1.655	0.286		5.783	0.000
SMX1	0.311	0.055	0.324	5.705	0.000
SMX2	0.203	0.050	0.233	4.085	0.000
SMX3	0.057	0.044	0.066	1.294	0.197

SMX1 对 BMI 回归显著，P<0.001，标准化回归系数为 0.324。可见假设 H2a 成立。

SMX2 对 BMI 回归显著，P<0.001，标准化回归系数为 0.233。可见假设 H2b 成立。

SMX3 对 BMI 回归不显著，P=0.197，大于 0.05，标准化回归系数为 0.066。可见假设 H2c 不成立。

4.3.2 结果

通过协同管理与商业模式创新的多元回归分析可以获得如下结论。

战略文化协同（β=0.324，P<0.001）与商业模式创新之间呈现出显著的正相关关系，所以战略文化协同能够促进商业模式创新的提升。组织协同（β=0.233，P<0.001）与商业模式创新之间呈现出显著的正相关关系，所以组织协同能够

促进商业模式创新的提升。技术协同（β=0.066，P>0.05）与商业模式创新之间没有呈现出显著的正相关关系，所以技术协同并不能促进商业模式创新的提升。所以得出：

假设 H2a 成立，战略文化协同与商业模式创新显著正相关。

假设 H2b 成立，组织协同与商业模式创新显著正相关。

假设 H2c 不成立，技术协同与商业模式创新之间没有呈现出显著的正相关关系。

4.3.3 探讨

多元回归分析的实证研究结果充分说明了协同管理与商业模式创新之间的关系：战略文化协同、组织协同与商业模式创新之间均呈显著正相关关系，而技术协同与商业模式创新之间则没有呈现出正相关的关系。说明企业在通过协同管理实施商业模式创新时，应从战略文化协同、组织协同入手，不建议从技术协同维度开展商业模式创新。

4.3.3.1 假设

假设 H2a 战略文化协同与商业模式创新显著正相关，成立。

假设 H2b 组织协同与商业模式创新显著正相关，成立。

假设 H2c 技术协同与商业模式创新显著正相关，不成立。

4.3.3.2 文献综述理论

商业模式创新是创新和战略结合领域的一个重要课题。目前的商业模式创新研究往往是基于二手数据的大样本定量分析与研究，这说明商业模式创新研究仍处于发展阶段。在早期阶段，商业模式创新主要着重说明上游供应商和互补者的商业模式对价值网络的影响（朱继海，2015）。事实上，公司的商业模式会受到价值网络中其他参与者的影响，因此当互补资产的价值主张发生变化时，企业会根据价值网络中其他参与者的商业模式的变化和其他参与者之间关系的变化做出相应的调整，以获得经验、互补资产和其他资源（Velu，2015）。

战略文化协同是指企业与合作伙伴之间的价值观、目标和动机的一致性，包括战略协同和文化协同。战略文化协同可以增强组织内合作伙伴企业分享知识的意愿，从而建立信任关系。信任不仅影响两个组织间知识、资源和能力的共享和集成量，而且影响到共享和整合的效率；企业需要积极化解不同企业之间的文化差异所带来的冲突，加强双方的深度合作，利用文化协同对组织间的创新认知、价值观、组织实践、行为规则进行匹配。

组织协同是指企业与合作伙伴之间的合作意愿、合作关系以及沟通的频率和强度，它反映了组织之间的协调性和亲密性。在数字经济时代，产品的生命周期越来越短，技术越来越复杂，研发成本越来越高。高新技术企业需要与不同领域进行更多的协调、合作和整合，组织之间必须相互信任，密切合作，加强沟通与协调，才能有效地共享和整合来自不同公司的外部知识、能力和资源。

技术协同是指通过技术扫描，发现和评价与企业内部知识相匹配的外部知识和技术。在数字经济时代，大数据、云计算、人工智能等技术的发展和技术平台服务商的出现，使得大多数企业能够以相对较低的交易成本获得外部知识和技术。因此，虽然外部技术为企业提供了获取多元化、互补性知识，以赢得时间和成本方面的优势，但企业的组织协同效应是最终影响技术转移绩效的关键。

4.3.3.3 前期研究的发现

在数字经济时代，企业面临着日益复杂的环境和快速动态的场景，商业模式的产生、演变和创新也面临着越来越多的挑战。许多学者指出，商业模式创新应超越企业边界去重视组织学习、知识共享、利益相关者关系等，同时要考虑从企业延伸到整个企业生态系统，特别是从价值链和价值网络的角度来看待企业商业模式的创新。迈尔斯等（2005）认为企业间合作是推动企业商业模式不断创新的动力和方向。Amit（2017）提出新颖型商业模式创新将会增加企业生态系统的合理性，企业可以在供应链中连接以前未联结的伙伴，并设计新的交易机制等。

效率型商业模式创新可以通过降低交易不确定性和信息不对称性等方式来实现。降低交易不确定性意味着商业模式参与者之间需要提升信息共享水平；降低信息不对称性能够减少商业模式参与者之间的机会主义行为，进而增加企业间的承诺和信任。

不同组织间的协同管理可以提高组织间合作效率和资源配置效率，降低组织间协调成本，促进组织间形成协同效应。王文华（2018）认为组织间战略文化协同将会大大降低组织间的沟通、协调成本，促进知识在组织间流动，而组织协同能通过良好的沟通增加组织间的相互了解和信任，能有效降低组织间的管理成本和协调成本，从而增强效率性与增长性知识协同效应。Williamson（2016）认为从外部获取技术，在获得收益的同时也会产生组织管理成本。

4.4 研究目标3：企业定位与企业绩效关系模型检验

本小节通过对已有文献以及相关的企业定位和企业绩效理论进行论述，检验企业定位与企业绩效关系模型。

4.4.1 分析

本研究将企业定位细分为市场导向和技术导向两个维度，利用304份调查问卷有效样本数据实证研究企业定位与企绩效的关系，进而探析企业定位对企业绩效的作用路径。

企业定位与企业绩效的相关分析结果如表4-8所示。由相关分析结果可知，除EPFY2与EPT、EPTX1、EPTX2、EPFY1不显著相关外，其余均显著相关。

企业定位EPT与企业绩效EPF之间呈弱相关关系。

企业定位EPT与财务绩效EPFY1之间显著相关。

企业定位EPT与成长绩效EPFY2不相关。

技术导向EPTX1与企业绩效EPF、财务绩效EPFY1之间显著相关。

表4-8 企业定位与企业绩效的相关分析结果

	EPT	EPTX1	EPTX2	EPF	EPFY1	EPFY2
EPT	1					
EPTX1	0.893**	1				
EPTX2	0.877**	0.566**	1			
EPF	0.202*	0.164**	0.194**	1		
EPFY1	0.244**	0.192**	0.241*	0.660**	1	
EPFY2	0.036	0.035	0.029	0.701**	−0.074	1

注：*** 表示 $P<0.001$；** 表示 $P<0.01$；* 表示 $P<0.05$。

技术导向EPTX1与成长绩效EPFY2不相关。

市场导向EPTX2与企业绩效EPF之间显著相关。

市场导向EPTX2与财务绩效EPFY1之间呈弱相关关系。

市场导向EPTX2与成长绩效EPFY2不相关。

企业定位与企业绩效的多元回归分析结果如表4-9所

示。其中模型的 $R^2=0.042$，调整 $R^2=0.036$，F=6.599，显著性水平 P<0.001。

表 4-9 企业定位与企业绩效的多元回归分析结果

	未标准化回归系数 β	标准误差	标准化回归系数	t	Sig.
常数	3.145	0.233		13.481	0.000
EPTX1	0.063	0.054	0.079	1.148	0.252
EPTX2	0.128	0.058	0.150	2.190	0.029

技术导向（EPTX1）对企业绩效回归不显著，P=0.252，大于 0.05，标准化回归系数为 0.079。可见假设 H3a 不成立。

市场导向（EPTX2）对企业绩效回归显著，P=0.029，小于 0.05，标准化回归系数为 0.150。可见假设 H3b 成立。

4.4.2 结果

通过企业定位与企业绩效的多元回归分析可以获得如下结论。

企业定位因子市场导向（β=0.150，P<0.05）与企业绩效之间呈现出显著的正相关关系，所以通过市场导向的创新能够促进企业绩效的提升。技术导向（β=0.079，P>0.05）与企业绩效之间没有呈现出显著的正相关关系，所以通过技术导向的创新并不能促进企业绩效的提升。所以得出：

假设 H3a 不成立，技术导向与企业绩效之间不存在显著正相关关系。

假设 H3b 成立，市场导向与企业绩效显著正相关。

4.4.3 探讨

多元回归分析的实证研究结果充分说明了企业定位与企业绩效之间的关系：市场导向对企业绩效有显著的正向影响，技术导向对企业绩效并没有显著的正向影响。这说明企业在通过企业定位提升企业绩效时应该以市场导向为主。因此，对于企业而言，通过提高市场导向的程度，即增强对客户的关注程度，让目标客户参与产品和服务设计开发过程，与目标客户保持高效沟通，可以帮助企业提高新产品、新服务与市场需求的吻合程度，有利于产出适销对路的产品与服务，从而促进企业绩效的提升。

4.4.3.1 假设

假设 H3a 技术导向与企业绩效显著正相关，不成立。

假设 H3b 市场导向与企业绩效显著正相关，成立。

4.4.3.2 文献综述理论

在技术导向下，高新技术企业重视技术创新，以创新的技术能力争夺市场份额。Grinstein 等学者认为这类企业在不断地发挥自身的比较优势，进而对提高企业绩效做出贡献。而市场导向是一种为顾客创造突出价值的思维，Naumann（1995）从顾客的角度出发，认为企业注重市场导向能通过提升客户关系进而提高品牌价值。Shu 等（2010）

对 1995—2008 年发表的与市场导向和企业绩效相关的文献进行了整理分析，认为通过研发获取先进技术的企业，可以持续地为市场提供品质优良、多样化的产品和服务。Oswald 等（2017）指出在建立成功、可持续的企业的过程中，反应型市场导向和先动型市场导向会为提高企业绩效带来一定的好处。

4.4.3.3　前期研究的发现

陈帆等（2018）研究发现市场导向正向影响企业成长绩效，并发挥了中介作用。Ozdemir（2017）的研究结果表明，市场导向可以促进企业产品创新，进而使制造企业提高其新产品绩效，最终提高其整体绩效。

因此，高技术企业应注重使用最新技术来开发新产品，并将产品商品化。再以客户为中心，积极探索新的市场机会，并通过产品和技术上的创新来开拓新的市场，为客户提供全新的产品与服务。尤其是在当下经济全球化和数字经济背景下，更需要在新的市场领域为客户提供全新的价值，从而创造和提升企业价值。

4.5　研究目标 4：协同管理与企业绩效的关系模型检验

本小节通过对已有文献以及相关的协同管理与企业绩效的理论进行论述，检验协同管理与企业绩效的关系模型。

4.5.1 分析

本研究将协同管理细分为战略文化协同、组织协同和技术协同三个维度，利用 304 份调查问卷有效样本数据实证研究协同管理与企业绩效的关系，进而探析协同管理对企业绩效的作用路径。

协同管理与企业绩效的相关分析结果如表 4-10 所示。由分析结果可知，除 EPFY2 与 SM、SMX1、SMX2、SMX3、EPFY1 不显著相关外，其余均显著相关。

表 4-10 协同管理与企业绩效的相关分析结果

	SM	SMX1	SMX2	SMX3	EPF	EPFY1	EPFY2
SM	1						
SMX1	0.780**	1					
SMX2	0.814**	0.465**	1				
SMX3	0.469**	0.089	0.108	1			
EPF	0.287**	0.264**	0.254**	0.049	1		
EPFY1	0.411**	0.371**	0.409**	0.013	0.660**	1	
EPFY2	−0.009	−0.002	−0.050	0.052	0.701**	−0.701	1

注：*** 表示 $P<0.001$；** 表示 $P<0.01$；* 表示 $P<0.05$。

协同管理 SM 与企业绩效 EPF、财务绩效 EPFY1 之间都显著相关，与成长绩效 EPFY2 不显著相关。

战略文化协同 SMX1 与企业绩效 EPF、财务绩效 EPFY1 之间都显著相关。

组织协同 SMX2 与企业绩效 EPF、财务绩效 EPFY1 之间都显著相关，与成长绩效 EPFY2 不显著相关。

技术协同 SMX3 与财务绩效 EPFY1 之间显著相关，与企业绩效 EPF、成长绩效 EPFY2 不显著相关。

对于协同管理与企业绩效之间的具体关系，需要进一步做多元回归分析。

协同管理与企业绩效的多元回归结果如表 4-11 所示，其中模型的 $R^2=0.092$，调整 $R^2=0.083$，F=10.139，显著性水平 P<0.001。

表 4-11 协同管理与企业绩效的多元回归分析结果

	未标准化回归系数 β	标准误差	标准化回归系数	t	Sig.
常数	2.793	0.260		10.730	0.000
SMX1	0.148	0.050	0.185	2.980	0.003
SMX2	0.121	0.045	0.167	2.677	0.008
SMX3	0.010	0.040	0.014	0.254	0.799

战略文化协同 SMX1 对企业绩效回归显著，P=0.003，小于 0.01，标准化回归系数为 0.185。可见假设 H4a 成立。

组织协同 SMX2 对企业绩效回归显著，P=0.008，小于 0.01，标准化回归系数为 0.167。可见假设 H4b 成立。

技术协同 SMX3 与企业绩效之间回归系数明显减少且不显著，P=0.799，大于 0.05，标准化回归系数为 0.014。可见假设 H4c 不成立。

4.5.2 结果

通过协同管理与企业绩效的多元回归分析可以获得如下结论。

战略文化协同（$\beta=0.185$，$P<0.01$）与企业绩效显著正相关，所以战略文化协同能够促进企业绩效的提升。组织协同（$\beta=0.167$，$P<0.01$）与企业绩效之间存在显著的正相关关系，所以组织协同能够促进企业绩效的提升。技术协同（$\beta=0.014$，$P>0.05$）与企业绩效之间没有显著的正相关关系，所以技术协同并不能促进企业绩效的提升。通过协同管理与企业绩效的多元回归分析可以获得如下结论：

假设 H4a 成立：战略文化协同与企业绩效显著正相关。

假设 H4b 成立：组织协同与企业绩效显著正相关。

假设 H4c 不成立：技术协同与企业绩效之间没有显著正相关关系。

4.5.3 探讨

实证研究结果充分说明了协同管理与企业绩效之间的关系：战略文化协同、组织协同对企业绩效存在显著的正向影响，技术协同对企业绩效并没有显著的正向影响。这说明企业在通过协同管理提升企业绩效时应该以战略文化协同和组织协同为主。

4.5.3.1 假设

假设 H4a 战略文化协同与企业绩效显著正相关，成立。

假设 H4b 组织协同与企业绩效显著正相关，成立。

假设 H4c 技术协同与企业绩效显著正相关，不成立。

4.5.3.2 文献综述理论

Ketchhen（2015）认为，具有协同能力的高科技企业将技术生产的速度、质量、成本和灵活性整合在一起，从而有能力将其转化为商业价值。Chesbrough（2019）提出，高新技术企业的绩效指标不再是速度和成本，而是从外部获取创新资源的能力。一般来说，合作伙伴之间建立信任关系和良好互动，可以有效地促进创新活动的开展，实现整个系统的增值。

协作涉及知识、资源、行为和绩效的全面整合，获取知识、使用知识、实现知识增值渗透在合作的整个过程中。因此，在数字化背景下，虽然一些企业的资源禀赋和能力是有限的，但它们可以从内外部环境中获取各种创新知识和技术，使企业的知识创造成本降低，节省企业的人力资源，从而对企业绩效产生影响。要识别和转化广泛的创新知识和技术来源也需要一定的时间和信息获取成本。

4.5.3.3 前期研究的发现

在数字经济时代，数字化商业环境具有很高的不确定性和复杂性，我国的中小型高科技企业由于资源不足，很难再通过单打独斗的方式获得竞争优势，众多企业不得不与伙伴建立共赢共生的合作关系，以利用组织边界以外的多维资源来弥补自身发展的不足，这已成为企业提升竞争力的重要途径。因此，企业必须充分协同整合企业内外部有益的资源，进行技术、产品和商业模式创新，最大限度地发挥各主体的优势和能力，实现系统叠加的"1+1>2"的协同效用。这样才能在激烈的市场竞争中获得竞争优势。

当前数字化技术的飞速发展极大增强了企业连接外部环境与整合内外部知识及资源的能力。内外部环境的不确定性成为企业开展协同创新的主要影响因素，企业要提高创新效率就必须与内外部环境主体建立并保持稳定的合作关系，使各种要素在商业模式生态系统中协同发展。

4.6 研究目标5：商业模式创新与企业绩效关系模型检验

本小节通过对已有文献以及相关的商业模式创新和企业绩效的理论进行论述，检验商业模式创新与企业绩效关系模型。

4.6.1 分析

本研究将商业模式创新细分为效率型商业模式创新和新颖型商业模式创新两个维度，利用304份调查问卷的有效样本数据实证研究这两个维度与企业绩效的关系。

商业模式创新与企业绩效的相关分析结果如表 4-12 所示。由分析结果可知，除了 EPFY2 与 BMI、BMIM1、BMIM2、EPFY1 不显著相关外，其余均显著相关。对于商业模式创新与企业绩效之间的具体关系，需要进一步做多元回归分析。

表 4-12　商业模式创新与企业绩效的相关分析结果

	BMI	BMIM1	BMIM2	EPF	EPFY1	EPFY2
BMI	1					
BMIM1	0.823**	1				
BMIM2	0.885**	0.464**	1			
EPF	0.402**	0.408**	0.293**	1		
EPFY1	0.466**	0.472**	0.340**	0.660**	1	
EPFY2	0.091	0.092	0.066	0.701**	−0.074	1

注：*** 表示 P<0.001；** 表示 P<0.01；* 表示 P<0.05。

BMIM1 对企业绩效回归显著，P<0.01，标椎化回归系数为 0.346。可见假设 H5a 成立。

BMIM2 对企业绩效回归显著，P=0.025，小于 0.05，标椎化回归系数为 0.133。可见假设 H5b 成立

商业模式创新与企业绩效的多元回归分析结果如表 4-13 所示。其中模型的 R^2=180，调整 R^2=0.174，F=33.010，显著性水平 P<0.001。

表 4-13　商业模式创新与企业绩效的多元回归分析结果

	未标准化回归系数 β	标准误差	标准化回归系数	t	Sig.
常数	2.482	0.187		13.303	0.000
BMIM1	0.274	0.047	0.346	5.874	0.000
BMIM2	0.086	0.038	0.133	2.250	0.025

4.6.2　结果

通过商业模式创新与企业绩效的多元回归分析可以获得如下结论：

效率型商业模式（β=0.346，P<0.001）与企业绩效显著正相关，所以效率型商业模式能够促进企业绩效的提升。新颖型商业模式创新（β=0.133，P<0.05）与企业绩效显著的正相关，所以新颖型商业模式创新能够促进企业绩效的提升。所以得出：

假设 H5a 成立：效率型商业模式创新与企业绩效显著正相关。

假设 H5b 成立：新颖型商业模式创新与企业绩效显著正相关。

4.6.3　探讨

商业模式创新对企业绩效的多元回归分析实证研究结果

充分说明了商业模式创新的各个维度都与企业绩效呈显著正相关关系。

4.6.3.1 假设

假设 H5a 效率型商业模式创新与企业绩效显著正相关，成立。

假设 H5b 新颖型商业模式创新与企业绩效显著正相关，成立。

4.6.3.2 文献综述理论

高新技术企业要获得竞争优势离不开出色的商业模式创新能力，要提高企业绩效也就必须通过商业模式创新以适应不断变化的环境。商业模式创新是解释企业绩效差异的重要因素，成功的商业模式创新能够为企业构建新的能力（Balboni，2019），效率型商业模式和新颖型商业模式均可帮助企业提升能力、降低交易成本（Zhang&Martins，2015）。商业模式创新能够防止企业陷入现有核心能力刚性的陷阱，是企业实现价值创造的重要战略（颜上力，2019）。企业能够运用商业模式创新进行价值创造，商业模式创新在企业的不同生命周期阶段，对企业成长绩效有不同的影响（Amit&Zott，2008）。另外，随着技术的不断进步，商业模式创新作为企业全局性、系统性的创新，对企业及企业绩效具有积极影响（Johnson 等，2009）。

4.6.3.3 前期研究的发现

在商业环境多变的今天，商业模式创新被认为是企业提升绩效和获取竞争优势的重要利器。商业模式创新会给企业带来先行优势，为企业开辟新市场或者提高现有市场占有率，进而提升企业绩效。现有关于商业模式创新与企业绩效关系的研究均表明商业模式创新对企业绩效有正向影响。这些认为商业模式创新对企业绩效有直接影响的研究，对于揭示商业模式创新的价值具有重要的意义。胡保亮（2015）以创业板的58家上市公司为研究对象，对商业模式创新与企业绩效的关系进行实证研究，发现商业模式创新对企业营业收入增长有正向影响；刘亚军和陈进（2016）通过对国内421份调查问卷搜集的数据进行计量分析，发现商业模式创新对创业绩效有显著促进作用。王翔等发现商业模式对企业盈利能力的影响最显著，其次对企业成长性和市场价值也有影响。

事实上，效率型商业模式创新与新颖型商业模式创新并不互斥，而是可以共存于同一特定的商业模式创新设计中。Nancy认为以效率为导向的商业模式创新致力于增加交易数量，可使交易活动变得简单易行，并帮助企业与其他实体建立稳定可靠的网络关系。而Thijs H.J.Geradts（2019）发现效率型和新颖型商业模式创新可以通过动态能力保持竞争优势，从而提高企业绩效。

新颖型商业模式创新强调企业通过新的合作伙伴，设计新的交易机制，以新颖的方式实现双方的交易，最终实现企业绩效增加。李红雷（2019）研究发现，高效商业模式创新与企业财务绩效正相关，新型商业模式创新有助于扩大企业价值网络规模，促进企业成长。也有人认为新颖的商业模式设计与企业绩效显著相关，而效率商业模式设计对企业绩效没有直接影响（蔡文斌，2012）。

4.7 研究目标6：商业模式创新在企业定位与企业绩效之间的中介作用模型检验

理论推导结论表明，商业模式创新在企业定位与企业绩效之间扮演中介角色。本节开展研究假设检验，以确定商业模式创新作为中介因素是发挥部分中介效应还是完全中介效应。本研究运用中介效应检验方法对商业模式创新在企业定位与企业绩效之间的中介效应进行回归分析检验，同时采用了Baron和Kenny提出的"三步骤"方法。

步骤一，要求自变量与中介变量间具有显著的正相关关系。

步骤二，要求自变量与因变量间具有显著的正相关关系。

步骤三，将自变量与中介变量同时放入回归模型中，观察两者与因变量的相关关系。

4.7.1 分析

研究模型说明如下。

模型1：将中介变量商业模式创新与自变量企业定位进行回归检验。

模型2：将因变量企业绩效与自变量企业定位进行回归检验。

模型3：将自变量企业定位、中介变量商业模式创新、因变量企业绩效同时进行回归检验。

企业定位、商业模式创新与企业绩效的多元回归分析结果如表4-14所示。首先，企业定位EPT对商业模式创新BMI回归显著，回归系数β=0.202（P<0.001），假设H1得到验证。其次，企业定位EPT对企业绩效EPF回归显著，回归系数β=0.315（P<0.001），假设H3得到验证。再次，商业模式创新BMI对企业绩效EPF回归显著，回归系数β=0.376（P<0.001），假设H5得到验证。最后，企业定位EPT对企业绩效EPF的回归系数明显减少且不显著，β=0.083（P>0.05），假设H6得到验证。

表4-14 企业定位、商业模式创新与企业绩效的多元回归分析

	模型1（BMI）	模型2（EPF）	模型3（EPF）
自变量 EPT	0.202***	0.315***	0.083
中介变量 BMI			0.376***
F	12.797***	33.296***	30.376***
R^2	0.041	0.099	0.168
ΔR^2	0.037	0.096	0.162

注：*** 表示 P<0.001；** 表示 P<0.01；* 表示 P<0.05。

4.7.2 结果

通过企业定位、商业模式创新与企业绩效的多元回归分析结果可以得到如下结论：企业定位能够促进商业模式创新，企业定位又对企业绩效有正向影响，所以企业定位可以通过商业模式创新作用于企业绩效，商业模式创新在企业定位和企业绩效之间起完全中介作用，企业定位对企业绩效提升具有间接促进作用。

假设 H1 成立：企业定位与商业模式创新显著正相关。

假设 H3 成立：企业定位与企业绩效显著正相关。

假设 H5 成立：商业模式创新与企业绩效显著正相关。

假设 H6 成立：商业模式创新在企业定位与企业绩效之间起完全中介作用。

4.7.3 探讨

商业模式创新中介效用的实证分析结果表明，商业模式创新对企业定位和企业绩效之间的关系起完全中介作用。也就是说，企业定位主要通过商业模式创新间接促进企业绩效的提升。

4.7.3.1 假设

假设 H1 企业定位与商业模式创新显著正相关，成立。

假设 H3 企业定位与企业绩效显著正相关，成立。

假设 H5 商业模式创新与企业绩效显著正相关，成立。

假设 H6 商业模式创新在企业定位与企业绩效之间起完全中介作用，成立。

4.7.3.2 文献综述理论

商业模式创新不仅与其影响因素之间存在显著关系，而且与企业绩效之间存在显著关系。其实，很多学者一早就开始研究商业模式创新在诸多变量之间的中介作用，他们把商业模式创新作为中介变量，其结果变量大部分聚焦于企业绩效。前因变量相对来说就非常分散，既有企业内部的资源能力，如整合能力、变革性领导能力、企业家背景特征、高管团队的异质性、企业家精神、企业资源、创业者的网络能力，也有企业外部的环境，如动态环境、开放式创新、创业机会、战略导向等。商业模式创新是组织在资源和能力协调配合的基础上，为获取更高的价值而对涉及价值创造、传递和获取的一系列组织活动与架构进行的创新和变革，是一种系统化的创新活动。孙永风等（2019）认为市场导向事实上对企业转型升级具有促进作用，而在现有的组织战略和价值逻辑中，商业模式创新是连接市场导向与企业绩效的中介因素。

本书实证研究的结果表明商业模式创新在企业定位与企业绩效之间起完全中介作用。

4.7.3.3 前期研究的发现

彭元等（2019）通过移动互联网视角研究发现商业

模式创新在企业定位与企业绩效之间具有中介作用。李伟（2017）认为商业模式创新在战略导向与企业绩效的关系中起着完全的中介作用。通过重组企业活动，商业模式创新可以帮助企业有效地与利益相关者建立良好的关系。此外，准确的企业定位可以帮助需要进行商业模式创新的企业方便快捷地获取外部资源，并通过价值创造活动整合资源，进而提高企业绩效。

4.8 研究目标7：商业模式创新在协同管理与企业绩效之间的中介作用模型检验

理论推导结果表明，商业模式创新在协同管理与企业绩效之间扮演着中介角色。本节开展研究假设检验，以确定商业模式创新作为中介因素是发挥部分中介效应还是完全中介效应。本研究运用中介效应检验方法对商业模式创新在协同管理与企业绩效之间的中介效应进行回归分析检验，同时采用Baron和Kenny提出的"三步骤"方法。

步骤一，要求自变量与中介变量间具有显著的正相关关系。

步骤二，要求自变量与因变量间具有显著的正相关关系。

步骤三，将自变量与中介变量同时放入回归模型中，观察两者与因变量的相关关系。

4.8.1 分析

模型说明如下。

模型 1：因变量商业模式创新与自变量协同管理进行回归。

模型 2：因变量企业绩效与自变量协同管理进行回归。

模型 3：自变量协同管理、中介变量商业模式创新及因变量企业绩效同时进行回归。

协同管理、商业模式创新与企业绩效的多元回归分析结果如表 4-15 所示。首先，协同管理 SM 与商业模式创新 BMI 回归显著，回归系数 β=0.287（P<0.01），可见假设 H4 得到验证。其次，协同管理 SM 与企业绩效 EPF 回归显著，回归系数 β=0.402（P<0.01），可见假设 H2 得到验证。因此，中介效应检验中自变量与中介变量和因变量的关系都显著。再次，商业模式创新 BMI 与企业绩效 EPF 回归显著，回归系数 β=0.343（P<0.01），可见假设 H5 得到验证。最后，当商业模式创新作为中介变量加入后，协同管理 SM 对企业绩效 EPF 的影响数值和显著性有较大下降，回归系数 β=0.125（P<0.05），表明商业模式创新对协同管理与企业绩效有部分中介效应。中介效应占总效应的比值为 0.287*0.343/0.402*100%=23.44%，因此，假设 H7 得到部分验证。

表 4-15 协同管理、商业模式创新与企业绩效的多元回归分析

	模型1（BMI）	模型2（EPF）	模型3（EPF）
自变量 SM	0.287***	0.402***	0.125*
中介变量 BMI			0.343***
F	27.086***	58.258***	31.647***
R^2	0.082	0.162	0.174
ΔR^2	0.079	0.159	0.168

注：*** 表示 P<0.001；** 表示 P<0.01；* 表示 P<0.05。

4.8.2 结果

通过协同管理、商业模式创新与企业绩效的多元回归分析可以获得如下结论：协同管理对企业绩效有正向影响，所以协同管理可以促进商业模式创新的提升，并通过商业模式创新作用于企业绩效，商业模式创新在企业定位和企业绩效之间起部分中介作用，协同管理对企业绩效提升具有间接促进作用。

假设 H2 成立：协同管理与商业模式创新显著正相关。

假设 H4 成立：协同管理与企业绩效显著正相关。

假设 H5 成立：商业模式创新与企业绩效显著正相关。

假设 H7 成立：商业模式创新在协同管理与企业绩效之间起部分中介作用。

4.8.3 探讨

商业模式创新中介作用的实证分析结果表明，商业模式

创新对协同管理和企业绩效之间的关系起着部分中介作应。也就是说，协同管理不仅可以直接促进企业绩效的提升，还可以通过商业模式创新来间接促进企业绩效的提升。

4.8.3.1 假设

假设 H2 协同管理与商业模式创新显著正相关，成立。

假设 H4 协同管理与企业绩效显著正相关，成立。

假设 H5 商业模式创新与企业绩效显著正相关，成立。

假设 H7 商业模式创新在协同管理与企业绩效之间起部分中介作用，成立。

4.8.3.2 文献综述理论

每一种商业模式创新方法都是企业提升价值创造潜力的新举措。大多数研究认为，商业模式创新反映了企业创新的内容、结构和治理。事实上，由不同商业模式主导的企业创新要素和价值网络可以促进价值创造，提升企业绩效。商业模式决定了企业内部的价值捕获机制和价值链结构，成为新形势下企业新价值创造和创新的源泉（Zott，2011）。商业模式的协同创新有助于技术创新取得经济效益，并影响企业内部收入来源和成本结构，实现互补整合（Teece，2018）。

4.8.3.3 前期研究的发现

在数字化商业环境下，各大实体逐渐从传统的线性思维向网络思维转变，而单纯的技术创新或产品创新已无法满足逐渐多元化的客户需求。此时，商业模式创新就确立了技术和客户价值主张的应用场景,其实质是企业在挖掘潜在价值的过程中实现价值创造。通过一系列的价值结构设计,企业可以与各创新主体建立联系,为客户提供新的解决方案,创造新的价值,最终把价值创新转化为经济产出。

4.9 研究探讨

在文献研究阶段,本书对企业定位、协同管理、商业模式创新及企业绩效提出了多个假设,并且大部分假设都得到了验证,部分假设显著程度有一定的差异。

通过回归验证可以看出:企业定位、协同管理不仅对商业模式创新有显著影响,而且对企业绩效有显著影响。同时,商业模式创新在企业定位、协同管理及企业绩效之间起着中介作用。为此,本书总共提出了19个假设,其中15个获得验证通过,4个验证不成立,如表4-16所示。

表4-16 本研究的假设及其检验结果

假设编号与内容	检验结果
H1:企业定位与商业模式创新显著正相关	成立
H1a:技术导向与商业模式创新显著正相关	不成立
H1b:市场导向与商业模式创新显著正相关	成立
H2:协同管理与商业模式创新显著正相关	成立
H2a:战略文化协同与商业模式创新显著正相关	成立
H2b:组织协同与商业模式创新显著正相关	成立
H2c:技术协同与商业模式创新显著正相关	不成立

续表

假设编号与内容	检验结果
H3：企业定位与企业绩效显著正相关	成立
H3a：技术导向与企业绩效显著正相关	不成立
H3b：市场导向与企业绩效显著正相关	成立
H4：协同管理与企业绩效显著正相关	成立
H4a：战略文化协同与企业绩效显著正相关	成立
H4b：组织协同与企业绩效显著正相关	成立
H4c：技术协同与企业绩效显著正相关	不成立
H5：商业模式创新与企业绩效显著正相关	成立
H5a：效率型商业模式创新与企业绩效显著正相关	成立
H5b：新颖型商业模式创新与企业绩效显著正相关	成立
H6：商业模式创新在企业定位与企业绩效之间起完全中介作用	成立
H7：商业模式创新在协同管理与企业绩效之间起部分中介作用	成立

综上所述，在交易成本理论、价值链与价值网络理论以及社会与企业网络理论的指导下，本书将商业模式创新作为中介变量，研究了商业模式创新的因子企业定位、协同管理对商业模式创新及企业绩效的影响机制和影响路径。基于调查问卷获得的304份高科技企业有效样本数据的实证研究发现，企业定位、协同管理有利于改善企业绩效；商业模式创新在企业定位与企业绩效之间起完全中介作用，商业模式创新在协同管理与企业绩效之间起部分中介作用；企业在价值网络中的定位，特别是市场导向的企业定位越准确，战略

文化协同和组织协同程度越高，信息越对称，组织间信任度就越高，交易成本就越低，那么商业模式创新对企业绩效的影响作用就越大。研究结果还表明，商业模式创新是提升企业绩效的一条有效路径，这为数字经济驱动下的高科技企业通过企业定位、协同管理驱动商业模式创新，从而提升企业绩效提供了一种新的解决方案。本研究很好地揭示了企业定位、协同管理、商业模式创新和企业绩效之间的相互作用机理，在商业模式创新的理论框架构建与发展方面做出了有益的尝试。

4.10 结论

基于已通过信度和效度测试的样本数据，本章首先开展受访者概要描述。其次开展相关性分析和回归分析，从而验证假设是否成立。本书的假设主要体现在四个方面，即企业定位、协同管理对商业模式创新的影响；企业定位、协同管理对企业绩效的影响；商业模式创新对企业绩效的影响；商业模式创新在企业定位、协同管理与企业绩效之间是否存在中介关系及中介效用强度。再次，对本书研究结果进行讨论，发现大部分假设得到验证。本研究总共提出了19个假设，其中15个假设获得验证通过，4个假设经验证不成立。通过统计分析，我们验证了企业定位、协同管理不仅对商业模式创新有显著影响，而且对企业绩效有显著影响，同时商业模式创新在企业定位、协同管理与企业绩效之间起着中介作用。最后，以数字经济驱动下的高科技企业为样本，对企业定位、协同管理、商业模式创新和企业绩效之间的相互关系及作用机理做了深入探讨。

5 概论、结论、启示及建议

本书通过相关分析和回归分析验证19个假设,其中15个假设验证通过,4个假设经验证不成立。基于这些假设结果,本章进行研究总结。

首先,本章进行基于研究目标的结果概述。这一部分介绍前文的调查问卷和样本统计情况,分析相关分析和回归分析的内容与结果,阐明本研究的意义。

其次,本章阐述本研究的结论。这一部分分别对企业定位与商业模式创新的关系研究、协同管理与商业模式创新的关系研究、企业定位与企业绩效的关系研究、协同管理与企业绩效的关系研究、商业模式创新与企业绩效的关系研究、商业模式创新在企业定位与企业绩效之间的中介作用、商业模式创新在协同管理与企业绩效之间的中介作用进行总结阐述。

再次，本章分析研究的启示。本书通过理论分析与统计数据的结果，为高科技企业提供以下四方面的启示：企业要基于市场导向来建立企业定位；企业要基于价值链/价值网络实现合作共生和协同发展；企业要基于企业定位与协同管理选择商业模式创新路径；企业定位与协同管理通过商业模式创新提升企业绩效。

最后，本章按照启示提供了三方面的建议。对政府和行业组织的建议：①重视数字经济相关产业的发展，依托大数据、人工智能技术大力发展高新技术产业，推动产学研一体化协同创新；②加大对数字经济驱动下的高科技企业商业模式创新的鼓励与扶持力度；③实现数据要素的标准化与市场化，加强数据开放和信息公开；④加强专利、知识产权、网络安全、商业秘密、个人隐私和消费者保护。对数字经济驱动下的高科技企业的建议：①保持技术创新，将技术创新转化为经济价值；②要通过不同的企业定位实现商业模式创新；③要树立在价值网络中合作共生的意识。对企业高层管理团队的建议：①明确企业定位，注重从内部主动地驱动商业模式创新；②要明确客户在商业模式创新中的核心地位，思考价值的创造与传递过程。

本章的内容是总结全书并对前文设计的方案给出具体的实施策略与建议，在此基础上为高科技企业提供实现商业模式创新的可行建议。

5.1 结果概论

本研究以数字经济驱动下的高科技企业为研究对象，在文献回顾的基础上，以 304 份有效调查问卷获取的数据为研究样本，运用因子分析和多元回归分析实证剖析了四个变量之间的交互关系和作用机理，有助于识别商业模式创新的前因变量和结果变量，为高科技企业设计商业模式创新路径提供了理论依据。基于上述文献分析和实证分析结果，本研究所得概论有以下七点。

5.1.1 企业定位与商业模式创新显著正相关

企业定位与商业模式创新的相关分析和多元回归分析证实，企业定位与商业模式创新之间存在显著的正相关关系，而企业定位的维度技术导向与商业模式创新之间则不存在正相关关系。这说明企业在商业模式创新过程中将企业定位作为创新驱动因子是有效的，但是要以市场导向为主要的创新方向；而技术导向不应作为实现商业模式创新的主要方向，这是因为满足目标市场的客户需求和提升客户体验是新经济发展的核心目标。

5.1.2 协同管理与商业模式创新显著正相关

对协同管理与商业模式创新的相关分析和多元回归分析

证实，协同管理及其因子战略文化协同、组织协同与商业模式创新之间均存在显著的正相关关系，而技术协同与商业模式创新之间则不存在正相关关系。这说明企业协同管理有助于商业模式创新的实现，但是对商业模式创新起作用的主要是战略文化协同和组织协同。可见，在数字经济时代，产品的生命周期越来越短，技术越来越复杂，研发成本越来越大，高科技企业需要与不同领域的合作伙伴进行更多的协调、合作与整合，组织间必须相互信任、紧密合作，加强沟通和协调，才能有效共享和整合来自不同企业的外部知识、能力和资源。

5.1.3 企业定位与企业绩效显著正相关

由企业定位与企业绩效的相关分析和多元回归分析可知，企业定位及其因子市场导向与企业绩效之间均存在显著的正相关关系，而技术导向与企业绩效之间则不存在显著的正相关关系。这说明正确的企业定位有助于企业提高企业绩效，但是主要起作用的是企业定位的市场导向因子。因此，通过提高市场导向的程度，即增强对客户的关注程度，让目标客户参与产品和服务设计的开发过程，与目标客户保持高效沟通，可以帮助企业提高新产品、新服务与市场需求的吻合程度，有利于企业产出适销对路的产品与服务，从而促进企业绩效的提升。

5.1.4 协同管理与企业绩效显著正相关

对协同管理与企业绩效的相关分析和多元回归分析充分说明，协同管理及其因子战略文化协同、组织协同与企业绩效之间均存在显著的正相关关系，而技术协同与企业绩效之间则不存在正相关关系。这说明数字化商业环境具有很高的不确定性和复杂性，我国的中小型高科技企业由于资源不足，很难再通过单打独斗的方式获得竞争优势。企业不得不与伙伴建立共赢共生的合作关系，以利用组织边界以外的多维资源来弥补自身发展的不足，这已成为企业提升竞争力的重要途径。因此，企业必须充分协同整合企业内外部有益的资源，进行技术、产品和商业模式创新，最大限度地发挥各主体的优势和能力，实现系统叠加的"1+1>2"的协同效用，才能在激烈的市场竞争中获得竞争优势。可见，企业协同管理能够促进企业绩效提高，但对企业绩效起主要作用的是战略文化协同和组织协同。

5.1.5 商业模式创新与企业绩效显著正相关

通过对商业模式创新与企业绩效的相关分析和多元回归分析发现，商业模式创新对企业绩效有显著的正向影响。这说明，企业在提升企业绩效的过程中针对商业模式进行创新是有效的，通过效率型商业模式创新和新颖型商业模式创新都可以提升企业绩效。

5.1.6 商业模式创新在企业定位与企业绩效之间起中介作用

通过对以商业模式创新为中介的企业定位和企业绩效的多元回归分析可以得出，商业模式创新在企业定位与企业绩效之间起中介作用。这说明企业定位主要通过商业模式创新间接促进企业绩效的提升，也就是说，商业模式创新会给企业带来先行优势，为企业开辟新市场或者提高现有市场占有率，进而提升企业绩效。

5.1.7 商业模式创新在协同管理与企业绩效之间起中介作用

通过对以商业模式创新为中介的协同管理和企业绩效的多元回归分析可以得出，商业模式创新在协同管理与企业绩效之间起部分中介作用。这说明协同管理不仅可以直接促进企业绩效的提升，还可以通过商业模式创新间接促进企业绩效的提升。

综上所述，本书通过研究企业定位和协同管理—商业模式创新—企业绩效之间的关系，实证分析所得结论进一步明确了商业模式创新及其前因变量企业定位、协同管理影响企业绩效的作用机理，有助于企业通过对企业定位、协同管理和商业模式进行有效创新来提高企业绩效。因此，数字经济驱动下的高科技企业，应该基于市场导向的准确企业定位和协同管理价值网络上的合作伙伴实施商业模式创新，从而提升企业的整体绩效。

5.2 结论

作为当下较热门的研究方向，有关商业模式创新的研究已经取得了很多成果，但总体来说商业模式创新的相关理论研究并不全面。而且在目前的数字经济背景下，我国有关高科技企业商业模式创新与企业绩效影响机理的实证研究仍然偏少，现有研究中更多的是研究单一对象或是两两之间的影响机理，关于本书的研究内容尚未形成一个完整的研究体系。本书以数字经济驱动下的高科技企业为研究对象，通过文献研究和实证研究构建了企业定位、协同管理、商业模式创新与企业绩效之间的综合模型框架，探索了商业模式创新在企业定位、协同管理与企业绩效之间的中介效应，不仅有对前人研究的整理，也有新的研究突破。因此，基于实证分析结果所得概论，本书得出如下研究结论。

第一，企业定位对技术导向的过度强调并不会改善商业模式创新的效果。技术对高科技企业固然重要，但技术只不过是高科技企业实现业务增长的一个工具而已，过度的技术投入只能让产品成为脱离市场的物品，并不一定能让客户接受。高科技企业最终的目标是实现业务增长，是为客户提供他们需要的产品。因此必须以客户为中心，重视市场导向，按照 STP 理论依次做好市场细分与目标市场的确定，最后进行市场定位，准确把握客户需求。

第二，战略文化协同和组织协同是商业模式创新的新起点。战略文化协同、组织协同与商业模式创新之间均存在显著正相关关系，而技术协同与商业模式创新之间则没有呈现出正相关关系。随着信息技术的快速发展，技术溢出效应与企业间的技术协同效益皆是企业实现技术创新的方式，所以技术协同并不能对商业模式创新产生明显的效果。但战略文化协同是企业之间软实力的协同，与组织协同皆不能被其他方式代替。因此在协同管理方面，企业商业模式创新需要重视战略文化协同和组织协同。

第三，企业产品与服务的改善有助于提高企业绩效。企业定位对企业绩效的多元回归分析证实，以市场导向为主的企业定位可以推动企业绩效的改善。企业绩效主要来源于市场销售或服务水平，高科技产品以市场为导向能够把握产品供需情况、促进产品适销对路、提高用户体验；人员培训以市场为导向能够提高营销人员的市场反应能力与市场销售能力。因此，以市场为导向的产品与销售服务能够提高企业绩效。

第四，战略协同与文化协同在组织内外环境中通过提高企业效率来实现绩效增长。战略文化协同和组织协同能够促进企业绩效的提高，但是技术协同并不影响企业绩效。因此，高科技企业不应该将技术协同作为企业绩效提高的方式，而应该将技术协同看作增加组织内部技能与知识的途径。高科技企业需要加强战略文化协同管理与组织协同管理。对外，战略协同与文化协同能强化合作伙伴的合作共识与企业联盟向心力，以此稳固合作联盟关系，提高企业的生产效率；供应链间的组织协同管理能优化企业网络间的业务流程节点，降低交易成本，提高财务效率。对内，战略协同能激发企业内部员工对企业战略决策的认同与支持，文化协同能打造企业共同的愿景，最终激励员工努力工作，提高企业的人力资源效率。

第五，商业模式的效率与价值源泉是提升企业绩效的关键。对商业模式创新与企业绩效关系的实证研究表明，效率型商业模式创新和新颖型商业模式创新都可以提升企业绩效。高科技企业在进行商业模式创新设计时，需要重视业务流程的优化与信息传输的速度，提高原有商业模式的效率，也要探索新的价值增长点，借助市场细分或市场开拓提高高科技产品的价值，借助企业内部分析努力降低运作成本，从而实现企业绩效新目标。

第六，企业定位借助商业模式创新促进企业绩效的提升。企业定位是商业模式创新的要素之一，企业定位影响商业模式的内容。企业能够通过合理的企业定位实现商业模式价值的合理创造，最后作用于企业绩效。高科技企业在提高绩效时，不仅需要确定企业定位准确与否，也需要确定企业定位与商业模式是否相适应，唯有如此才能保证价值链源头与路径的正确与合理。

第七，组织内外部全方位的协同管理能够将商业模式创新对企业绩效的作用最大化。协同管理不仅可以直接促进企业绩效的提升，还可以通过商业模式创新来间接促进企业绩效的提升。协同管理的作用远远小于协同管理与商业模式联合发挥出来的作用。高科技企业需要结合协同管理进行商业模式创新，利用协同管理和商业模式创新实现价值创造的最大化。具体做法包括：①将协同理念嵌入各种内部管理活动中，实现组织内各个部门运营的协同；②联合供应链上的各节点企业进行协调与整合，实现组织间协同；③注重并强调信息的价值，实现信息渠道一体化，促进企业在内外环境中实现协同，最终实现协同发展下的商业模式创新。

5.3 启示

由于商业模式创新已逐渐成为企业成功的主要动力，所以影响商业模式创新与企业绩效之间关系的因素得到了学界越来越多的关注。在这样的背景下，本书的研究结果表明，企业定位、协同管理、商业模式创新对企业绩效都有积极作用，同时商业模式创新还起到中介作用。这对数字经济驱动下高科技企业的商业模式创新实践有重要启示。

5.3.1 企业要基于市场导向来进行企业定位

实证结果表明企业定位及其因子市场导向与企业绩效之间均存在显著正相关关系，而技术导向与企业绩效之间没有呈现出正相关关系。这说明企业在提升绩效的过程中针对企业定位进行创新是有效的，但是要以市场导向为主要的创新方向。

实际上，企业定位在高技术企业的商业模式要素中处于核心位置，其决定了其他要素的形态和性质。高技术企业在选择商业模式创新路径时，将企业定位作为考量的基础。在产业链定位上，由于高技术产业呈现出支柱产业、民生产业和基础产业的地位及功能，整个产业链条相对较长。对于企业而言，在选择产业链条上某一环节进行定位后，企业所提供的产品或服务，即明确表达的价值主张就落在该环节的功能要求上。总体而言，高技术企业的主营业务表现形式以技术创新服务为主，基于该服务能力的差异高技术企业的类型也有所区分，进而产生了不同的企业定位。

第一，商业模式创新离不开对企业定位的把握。评价一个企业的商业模式，必然要考量这个企业如何实现自身价值和创造利润。随着信息技术的飞速发展，企业创造价值的方式发生了巨大的变化。在网络思维的影响下，企业需要从新的视角开展价值创造，以适应竞争激烈的市场环境。在明确价值主张，确定产品和服务的过程中，高技术企业在制定企业战略时必须做出正确的企业定位，摒弃传统低层次的经营生产行为，拔高起点，站在一个更新更高的平台上。

第二，商业模式创新需要明确自身拥有的资源。在数字经济时代，技术、市场和客户等内外部环境瞬息万变，企业应明确自身所拥有的企业文化、知识、资源和能力，进而对接目标客户的需求以确定企业定位。首先，数字经济驱动下的高科技企业，一般都具有较为强大的技术能力，企业往往会专注于获取并应用先进技术以推出新的产品与服务，满足客户的需求或潜在需求，以期提高企业的竞争能力与企业绩效。其次，高科技企业应以市场导向为基础进行企业定位。技术与市场并不是割裂的，企业技术创新的驱动力来源于市场，技术成果和新产品最终也要流向市场。高科技产品与服务更新换代速度快、生命周期短、性能和价格趋同的趋势加快，企业之间的竞争最终必然会从技术和产品转向客户和品牌，所以高技术企业要想获得持续的利润，在通过技术创新提升产品和服务竞争力的同时，还应重视客户、品牌、体验等外部无形资产，并应以市场导向为基础进行企业定位，利用移动互联网、人工智能等高科技手段与客户连接，持续为顾客创造优异的价值，从而形成一种真正以客户价值为中心的企业定位，并以此来提升企业的竞争能力与企业绩效。

5.3.2 企业要基于价值链/价值网络实现合作共生、协同发展

本研究实证结果表明，协同管理及其因子战略文化协同、组织协同与企业绩效之间均存在显著的正相关关系，而技术协同与企业绩效之间则没有呈现出正相关关系。这说明企业在改进企业绩效的过程中开展协同管理创新是有效的，但是要以战略文化协同和组织协同作为主要的创新方向。

5.3.2.1 结合自身发展特点选择有效的协同管理模式

企业的各项活动相互联系、相互影响，不能分裂开来看，整合协同是其特性。在数字经济时代，企业要充分利用内外部合作伙伴的关键资源，协同发展，充分发挥相互之间的协同效应。首先，业应结合自身发展特点选择适宜的、有效的协同管理模式，并将其与企业绩效相结合。其次，企业应注重建立协同文化，并通过制度激励员工认同企业文化。全面深入的协同文化能够促使企业员工增强协同合作的意识，以便在具体操作中实现效应最优。最后，高科技企业应注重与供应商、客户、平台方以及竞争方等利益相关方的组织协同，以实现"1+1>2"的协同效应。

5.3.2.2 规划供应链协同管理模式

供应链协同发展是构建价值网络的主要渠道，高新技术

制造企业应合理、适度地规划与供应商的关系，最大限度地发挥供应商整合带来的积极作用。

首先，企业需要确定供应商选择标准。企业一般都与上下游企业有着密切的联系，不可孤立存在。通过确定严格的供应商准入标准，可以将合适的供应商纳入合作体系，有利于企业高效地选取主要原材料以及向供应商传递需求。因此，上下游企业能根据供应商的反馈，朝着产品质量高、品牌影响力大、研发能力强等方向不断改进，以形成协同管理模式。

其次，企业要完善供应商后续审核体系，定期对主要供应商进行考核。对供应商的产品质量、技术服务等建立客观评价体系，加强质量监控，实行持续责任制，并及时淘汰那些不再符合公司要求的供应商，以规制供应商，引导它们以优质产品服务供应链上下端。同时，企业还应该对与供应商之间的业务交易加强动态监管，不断提高企业价值链增量。

再次，在长期的经营合作中，企业要与关键供应商建立相互扶持、相互支撑的战略伙伴关系，为企业的健康发展打下良好的合作基础。高新技术企业应尊重供应商的利益，遵循市场规律，谋求共同发展，充分发挥协同效应，不断完善供应链各环节的沟通交流机制并建立实时的信息共享平台，打破供应链条僵化的局面，增进相互了解，促进供应链上游对市场需求变化做出积极响应。

最后，企业还应适度增加候选供应商的数量，积极开发优质供应商，促使各供应商就产品质量、价格及后续服务等方面展开良性竞争，增强议价能力；通过积极发挥采购的规模化效应换取相对优惠的价格，提高自身谈判能力。还要为提供合格原材料的供应商提供良好的竞争环境，致力于打造稳定可持续的供应链，形成层次分明、运转高效、反应快速的供应链体系，实现共同发展。

5.3.2.3 完善供应链协同管理的风险体系

供应链日常运营中的风险是客观存在的，而且随着供应链构成的复杂性不断增加，这种风险会越来越大。企业在进行供应链整合的过程中，要建立起风险防范与应急机制，加强对风险的识别与分析，尽量降低风险可能带来的损失。

企业可以建立正式的风险管理机构，专门负责供应链风险分析和管理，加强对采购及销售过程的监督检查，制订风险应急规划，系统进行风险分析，然后有针对性地进行风险分级管理。企业还应重视对供应链成员企业的激励，强化与供应链节点企业的战略伙伴关系，建立符合双方长远利益的发展模式，通过正向激励减少败德行为的发生。另外，供应链合作中不可避免地会有来自供需双方的不确定性，因此，企业在与上下游企业进行业务往来的过程中，可以在合同设计上互相保留适当的缓冲空间，提供一定的柔性，采用恰当的合同组合，尽量削弱突发事件等不确定性因素的影响。最后，处于不同成长阶段的高新技术企业，应根据自身的客观实力及战略需求进行恰当水平的供应链整合，以最大限度地发挥供应链整合带来的积极效应，降低整合过程中的风险损失。

5.3.3 企业要基于企业定位与协同管理选择商业模式创新路径

商业模式创新是企业发展过程中不可避免的关卡。在企业对商业模式进行创新的过程中，一方面需要结合企业定位进行创新，另一方面也要将协同管理有机地整合到商业模式中。

企业的定位不同也就决定了企业与利益相关者交易的方式会有所差异，高科技企业进行商业模式创新时应该寻求这两者之间的差值，即价值创造最大化的交易方式。

在数字经济时代，新技术、新业态、新模式不断涌现，市场不确定性不断增加。企业应审视组织的内外部环境与自身的资源和能力，必须认识到商业模式创新不是简单的产品或服务水平的创新，而是综合考虑客户需求，进而对自己拥有的各种资源进行整合，并将与利益相关者有关的系统进行适时创新。因此，通过商业模式创新不仅可以降低成本，而且能在提高客户满意度的同时提高对客户定制需求的响应速度，也就是建立更高层次的协同管理。

5.3.4 企业定位与协同管理通过商业模式创新提升企业绩效

高科技企业要通过效率型商业模式创新控制上下游交易成本，提升生态系统内的交易效率，降低交易成本；通过新颖型商业模式创新创造新市场或新交易方式，进而有效提升企业绩效。

在创新实践中，协同管理是进行资源整合的一个重要支撑，因为进行资源整合业务需要企业组织协调其内部功能，两者是相互关联的。高新技术企业是否具备实施资源整合的条件和能力，是判断企业竞争优势的重要依据。基于协同管理的核心理念，价值链上的成员之间形成的协同管理商业流程和战略伙伴关系，突破了企业围墙的共享流程，真正实现了价值链上的信息、经验和知识的共享。流程的任何优化、微调和革新都将传递到整个价值链体系。这一特点能够很好地适应当今瞬息万变的商业需求，并可以在商业伙伴与合作者的各种需求之间达成平衡。这一共享、协同的商业流程，在当今这个充满竞争的经济环境中，极大缩短了从创新到实际运作所需的时间，让企业能够快速而准确地感知并回应客户需求，以此来赢得竞争优势。

第一，明确在企业价值网络中的位置，以市场为导向进行企业定位。企业应该准确把握自己的能力、资源、目标客户的需求以及企业在价值网络中的位置，设计以市场导向的准确的企业定位，注重与外部环境中各实体的密切协作，如与用户、上下游合作者等利益相关者搭建协同合作网络，达成互联互通的供应链协同网络，并通过与外部环境建立深入的合作关系，及时抓住可能出现的新机遇，更好地满足市场需求，不断提高企业绩效。

第二，以自身的战略目标为基础，寻求合作共生伙伴。企业应以自身的战略目标为基础，从协同的角度在价值网络上挑选合作伙伴，通过战略文化协同和组织协同整合自身与外部的资源，与合作伙伴形成协同效应，从而实现合作共赢。此外，企业要以商业模式的创新机制助力创新资源的高效整合，以创新的价值创造方案提高企业自身的技术创新能力，创新一系列价值创造组织活动，以全新的产品和服务进军市场，以合理的定价机制获得市场竞争力。

第三，建立跨企业联合团队。商业模式的有效性取决于执行力，在协同管理中，尽管信息和流程是共享的，但由于价值链上成员众多，各成员又有着自己的利益和考虑。在瞬息万变的市场环境中，企业如何及时有效地在细节方面做出改进和调整是一个重要的挑战，此时建立跨企业的联合团队就显得尤为重要。联合团队来自价值链的各个参与方，负责收集运营中各方的信息和反馈意见，并做出总体规划决策，针对流程提出改进要求，并传达到各自所在的企业，最后评估改进的效果。联合团队在商业模式中起着"协同总经理"的作用。

5.4 建议

高科技产业作为新兴产业，具有网络边际成本趋于零、多元协同共治等特点，对众多产业产生了颠覆性的影响。其发展模式和道路难以复制传统产业的成功经验，因此本书通过理论和实证研究给出相关建议。

5.4.1 对政府和行业组织的建议

随着数字经济时代的到来，数字技术逐渐成为重要的生产要素，尤其是对于高新技术产业而言，数字经济的健康发展是其进行商业模式创新的重要影响因素。因此，政府和行业组织需要发挥重要的引导作用，为数字经济发展提供公平、公正的市场环境，具体内容如下。

5.4.1.1 加大对高科技企业的扶持力度，重点发展数字经济相关产业

政府应根据数字经济发展的需要出台引导性的产业政策和金融政策，推动产学研一体化协同创新，引导和激励高科技企业开展商业模式创新活动，以攻克核心技术难关。在制定数字经济监管政策时，政府要确立以发展为中心的包容审慎的监管原则，采用市场化监管手段，避免行政化监管手段。而且政

府和行业组织应引导建立跨界融合的数字产业生态体系和数字化协同创新体系，以促进新旧动能转换，让数字经济与工业经济协同融合发展，实现数字经济对传统经济的赋能。

5.4.1.2 以政府为主导，构建市场化运营机制

政府应通过营造公平、公正的市场竞争环境鼓励和支持高科技企业通过商业模式创新发展新业态、新模式，以激发企业的创新创造能力。

第一，先以政府为主导，后发挥市场化运营机制的作用。美国硅谷、印度班加罗尔等国外高新技术园区大多一开始就采取企业化的运作管理机制，而国内的高新技术园区则基本以政府管理运营为主，故高新技术行业的整体发展要以政府为主导。因为高新技术园区注册独立机构并市场化以后，可通过有偿提供服务而提高自身盈利能力，进而反哺园内企业。实行市场化运营的高新技术企业可以避免政府的直接干预，一旦排除了干扰，高新技术园及入园高科技企业就能够按照市场经济规律发展。因此，建议在信息产业基地等软件园区建设前期，政府在资金投入、基础设施建设等方面发挥主导作用，但在园区正式运营之后，应当逐步退出，让园区逐渐独立并形成企业化运作的管理体制。

第二，引入竞争与合作机制，努力打造公平、公正的市场环境。首先，逐步完善全国各地的高技术企业名录库、人才资源库、专家信息库，公开发布项目需求信息，让满足条件的企业都可以公平参与市场竞争，政府当好市场的监督者和管理者。其次，通过活动积极树立行业标杆和规范，宣传扩大优秀企业和员工的示范作用，让更多的企业和从业人员感受到良好的市场环境。最后，健全高新技术市场的价格制定规则，对高技术含量产品的垄断行为进行监控，避免价格乱象，充分发挥市场机制的调节作用，完善产品定价机制，从而完善整个市场的技术供应机制。

5.4.1.3 在确保信息安全的前提下，实现数据要素的标准化与市场化

数据作为数字经济的核心生产要素，是数字经济发展的基础。我国80%以上的"大数据"由各级政府部门掌控。因此，政府和行业组织应在保护隐私、保证安全和坚持道德标准的基础上向社会和市场开放非涉密数据，通过数据要素的标准化和市场化实现数据资源跨部门、跨行业、跨地区共享，让企业充分发掘数据的价值，使数据的经济价值和社会价值最大化。

此外，应积极引导企业加强与中介机构、科研机构以及产业链相关企业的联系，加强协同创新网络的培育，促进中小企业的发展。主要可从硬件环境与软件环境两方面提升企业创新能力及创新绩效。在硬件环境的营造方面，政府应加大对基础设施、配套的生产服务设施以及交通设施等的投入，引导民间资本参与建造基础设施，既提高民间资本的利

用效率，同时促进企业的发展。在软件环境的营造方面，政府可以组织中小企业家、高新技术人才进行座谈交流会和大型创意设计展览会等活动，打造企业家与技术骨干以及高新技术人才交流合作的创新共享平台。同时，政府应适时地制定相关政策，完善科研机构、中介机构等网络主体的作用与职能。例如可鼓励高校、科研机构等积极参与企业课题研究，促进产学研的深度结合，提高企业与科研机构间知识共享与知识溢出的效率。

5.4.1.4 加强专利、知识产权、网络安全、商业秘密、个人隐私和消费者保护

政府应通过立法及行业规章制度等方式完善适用于数字经济环境的数据分类、分级安全保护制度，并加强对专利等知识产权、商业秘密和个人数据的保护。

5.4.2 对数字经济驱动下的高科技企业的建议

在数字经济时代，数据是主要生产要素，产业的主导权正由生产商向消费者转变，所以高科技企业应该以数据为基础、以客户为导向开展商业模式创新。

5.4.2.1 保持技术创新，将技术创新转化为经济价值

雄厚的技术实力是高新技术企业发展最重要的竞争力之一，而不断创新是推动企业前进的助推剂。在数字经济时代，高科技企业仅依靠技术创新并不一定能成功，还需要具备将技术创新转化为经济价值的能力。一方面，在高新技术更新迭代速度快、产品性能差异大的情况下，高新技术企业之间的竞争主要是技术创新能力与高新技术转化能力之间的竞争。另一方面，以市场导向为主的企业定位强调对客户和市场的重视，企业经营应从以企业（产品、技术、服务生产者与供应方）为中心转变为以顾客（消费者、需求方）为中心，形成基于消费者需求的数字化经营体系。例如，企业可以利用商业模式创新协同合作伙伴明确各企业在价值网络中的定位，共同利用大数据等新兴数字化技术的潜在价值实时感知并及时响应客户需求，进行全新的价值创造并将其传递给顾客。

高科技企业可以从以下几个方面入手。

第一，积极开展开放合作，整合优秀外部资源。一方面，通过与上游供应商的技术交流与合作，重点解决影响核心零部件性能和稳定性的关键技术，通过与客户形成良性的研发互动，满足客户多样化的产品需求。另一方面，与供应商协同合作，加强对关键制造工艺的联合研究，缩短产品开发周期，增强公司技术竞争力。

第二，不断加强人才队伍建设。做好专业技术人员的引进和储备，建设专业化的管理队伍，为实现公司可持续发展提供坚实保障。更重要的是，应布局谋划"互联网＋人才"的智库建设，从人才的招引、培养、使用、跟踪服务等几个方面积极构建"人才大数据"体系和服务模式，使人才资源更加国际化，人才服务更加精细化。培养一支经验丰富的研发团队，提高研发团队的自主创新能力，制订有针对性的培养方案，并设置合理的奖励机制，为激励和吸引研发人才创造有利条件。另外，在公司现有技术研发基础上，持续增加资金和人力资源投入，进一步提升研发领域的软硬件实力。为保持公司在技术上的领先优势，要进行大量的应用研发、基础性研发及前瞻性研发，从而形成更强的竞争力。

5.4.2.2 高科技企业在明确自身企业定位的基础上求商业模式创新

企业定位与企业绩效显著正向相关，所以高科技企业在技术趋同的情况下，应通过不同的企业定位实现商业模式创新，进而创造不同的商业化价值，进行差异化竞争，从而在技术商业化的过程中建立竞争优势，提高企业绩效。

5.4.2.3 高科技企业应形成合作共生意识

协同管理与企业绩效显著正向相关。数字化商业环境具有很高的不确定性和复杂性，高科技企业应该形成在价值网络中合作共生的意识，明确企业竞争不能再靠单打独斗，而是要通过商业模式创新突破传统的时间、空间限制，与其他组织形成价值商业生态网络，并与价值生态网络内部的其他组织在战略文化和组织等方面开展协同合作，促使组织间产生协同效应。具体来说，企业应选择具有目标一致性和文化相容性的创新合作伙伴，以降低组织间沟通、协调成本，增强组织间信任，协同价值网络中的伙伴通过共享知识、资源和能力来创造价值，获得价值网络之间的竞争优势。此外，企业与客户之间的价值共生也体现了一种合作意识。因为高技术企业面临着产品升级换代快、技术更新及时、客户定制化需求显现的形势，维护好客户关系对于改善企业财务绩效来说显得越发重要。对于如何强化与客户的关系，本书有以下三点建议。

第一，聚焦优质大客户，积极开发新客户。与客户打造互相信任、长期互惠的合作关系。重视核心客户的开发与维护，并在保证现有客户的基础上，不断拓展新的市场，发掘新客户，扩大市场份额。随着"一带一路"建设的推进，我国与沿线国家的经贸往来日益密切，企业不应将客户的开发仅局限于国内市场，还可以考虑积极开发国际市场中的优质客户。

第二，以优质产品创造客户价值。为实现可持续发展，高技术企业不应仅追求产品销售数量的增长，还应注重提高产品质量，使顾客得到良好的使用体验。另外，企业应积极了解客户的定制化需求并及时做出响应，开展新产品设计与研发，提高产品性能，以高品质的产品赢得客户的青睐。

第三，以优质服务增加客户黏性。高新技术企业可利用自己的技术专长为客户提供技术服务与供应方案，将服务贯穿于售前、售中、售后各环节。对客户信息进行定期反馈和持续交流，及时了解客户的个性化需求，对产品工艺和技术做出相应调整。还可在产品售后过程中安排专业技术人员与客户进行交流和指导，帮助客户解决产品使用过程中涉及的各种技术问题。通过提供优质的服务增强客户满意度，培养客户忠诚度。

5.4.2.4 以协同创新网络提升企业创新绩效

一方面，企业应主动构建和完善协同创新网络。在信息技术快速发展的背景下，企业与其他网络主体构建良好的合作关系，有助于促进信息流通、技术交流和知识共享，实现知识价值的最大化，推动企业持续稳定发展。

另一方面，企业应大力提升知识管理能力，以便从更多的渠道获得对企业有效的知识与信息资源。对于已经获得的知识与信息，企业要通过不断消化、转换和利用，充分挖掘其价值，并最终转换为企业创新绩效。相对来说，非战略性新兴行业更应重视企业知识管理能力的培养。规模较小的企业规模效应较弱，此时知识管理能力的提升可以有效降低企业的潜在风险，实现资源的快速流通与合理配置。同时，企业提高研发比例在提高知识创造能力的同时，也有助于提升知识应用能力，是全面提升知识管理能力的有效途径。

5.4.3 对企业高层管理团队（TMT）的建议

虽然有关商业模式创新的成功案例很多，但是企业高层管理团队对在什么情况下应开展商业模式创新，应通过哪些驱动因子实施商业模式创新，以及在商业模式创新的实施过程中应获得何种支持并没有形成清晰一致的认识。此外，战略领导理论认为，企业战略制定实际是环境因素被 TMT 的有限理性过滤和选择的过程。基于此，企业高层决策者应有意识地从内部主动驱动商业模式创新，明确客户在商业模式创新中的核心地位，注重创新链与资金链协同发展策略的制定。

5.4.3.1 从内部主动驱动商业模式创新

本书对企业高层管理团队的第一个建议实际上就是由内而外地充分利用驱动因素（如企业定位、协同管理等）实现商业模式创新。在实施商业模式创新前，企业高层管理团队首先应思考企业拥有哪些资源和优势、企业面临着哪些困难，进而深入理解企业在价值网络中的价值；接着应思考企业与哪些伙伴合作可以产生协同效应。

5.4.3.2 明确客户在商业模式创新中的核心地位

企业高层管理团队要不断思考如何将企业创造的价值传递给目标客户，更要思考如何针对目标客户创造出更多的价值，以吸引和维持更多的客户。市场导向的客户界面是商业模式创新中不可缺少的一环，客户的消费习惯和需求水平将驱动企业开展商业模式创新。

5.4.3.3 注重创新链与资金链协同发展策略的制定

由于信息技术的快速发展和高技术企业风险高、投入高的特征以及我国高技术企业与发达国家相比起步相对较晚，导致高技术企业创新链与资金链的协同度比较低，因此，企业高层管理团队应充分利用国家的扶持政策，积极利用国家财政补贴、税收优惠等政策加大创新资金的投入，并提高资金的使用效率，使创新链与资金链协同发展。另外，企业高层管理团队要以国家创新驱动发展战略为指引，制定企业的创新战略，把握创新的方向和重点，并对创新链的研发环节和成果转化环节进行资金的重点配置和调整，从整体视角加强创新链与资金链的协同。

综上所述，企业高层管理团队应加强人才培养和技术引进，拓宽融资渠道，充分利用政策融资，构建适应技术创新环境的创新资金管理体系，促进资金链与创新链的协同。为了提升创新链的有序度，既要根据宏观影响因素，充分利用政府的资金支持，又要根据微观影响因素，提高资金的使用效率，让资金更好地与创新链匹配。通过资金的有效流动，使资金得到有效的配置，形成对创新链的支撑，以取得更多的创新绩效，使资金增值并形成有效循环，这样不仅可以解决创新资金的筹集和利用效率问题，处理好创新链与资金链的协同关系，还可以提升创新链的有序度。

5.4.4　对后续研究的建议

当前创新研究主要集中在技术创新、产品创新、商业模式创新和社会创新，商业模式创新相关研究已成为理论界的重点研究领域，戴尔、亚马逊、阿里巴巴等企业通过商业模式创新取得的巨大成功都说明了商业模式创新的重要性。因此，在数字经济时代，高科技企业如何通过商业模式创新提升企业绩效已成为企业管理者必须考虑的关键问题。

本书对商业模式创新与企业绩效关系的理论与实证研究，为企业通过商业模式创新提升企业绩效提供了研究支持。但是受自身科研水平、时间精力等所限，本书的研究存在一些局限和不足之处，无法覆盖相关理论及实践。在未来的研究中还需要更多学者进行更深入和系统的研究。本书认为以下四个方面尚需在今后的研究中进行深入探讨。

第一，对研究样本选择的建议。从地域来看，本书研究样本主要来自广东、河南、上海、浙江、北京等地区，并不能覆盖我国高科技企业分布的地区范围。因此，后续研究应采用更为广泛的样本，以使研究结果更具普适性。也可以按地区开展有针对性的研究或考虑对发达地区与待发展地区的高科技企业开展比对性研究。从研究的行业来看，本研究的样本不是按具体行业来划分的，建议后续研究要对中国重点发展的行业进行精确研究，如对软件业、信息产业、先进制造业、智慧医疗业和智慧零售业等行业进行有针对性的研究，这样提出的理论模型和改进建议都会比较聚焦。从企业规模和成熟度来看，不同企业拥有的资源、能力和所面临的挑战是不一样的，后续研究可以从大企业与小企业、成熟企业和初创企业的维度开展。

第二，对商业模式创新前因变量选择的建议。与商业模式创新相关的影响因子很多，但限于研究变量的多维性和数据的可得性，本研究选取最基础的企业定位和协同管理两个前因变量进行深入分析和研究。然而，不同规模、不同行业以及不同区域的高科技企业所面临的内外部环境和挑战都存在较大差异。因此，后续研究需要从多个维度、多个层面进行深入探讨，例如考虑按行业采用不同的因子开展研究，以全面解析影响因子、商业模式创新与企业绩效的作用机理和交互关系。

第三，对研究视角的建议。提升企业绩效的创新角度比较多，如技术创新、商业模式创新、产品创新、社会创新等，后续可以考虑在数字经济环境下，研究多种协同管理对商业模式创新及企业绩效的作用机理。

第四，对研究技术方面的建议。本研究采用相对比较传统的描述性统计分析、信度效度分析、相关性分析以及多元线性回归分析，分析方法相对简单，在将来的研究中，学者可以采用更加多样化、更严密的方法进行研究。

附录　调查问卷

问卷填写说明：

1、请您填写一些有关贵公司的基本情况，包括公司行业、性质、类型、规模等。

2、本次问卷采用五分制量表形式，请将您认为合适的选项用"√"标示，答案无对错之分，请您根据自己的理解选择最接近的答案。

第一部分　企业基本资料

1、您的企业所在省份（自治区、直辖市）：
（　　）

2、您的职务：

基层管理人员□　　中层管理人员□　　高层管理人员□

3、贵公司的性质：

国有企业□　　民营企业□　　外（合）资企业□

其他□

4、贵公司的类型：

信息技术企业□　　高科技制造型企业□

互联网企业□　　其他□

5、贵公司成立的时间：

1年以内□　　1~3年□　　3~5年□　　5年以上□

6、贵公司的员工总数为：

50人及以下□　　51~100人□　　101~500人□

501人以上□

第二部分　调查问卷

一、企业定位

序号	请您根据公司实际情况，对企业定位情况评分	分数（1→5，表示完全不同意→完全同意）				
1	我们企业认为技术水平领先非常重要	1	2	3	4	5
2	我们企业努力尽早应用新技术	1	2	3	4	5
3	我们企业努力使产品功能多样化，以满足客户更多需求	1	2	3	4	5
4	我们企业会持续推出新产品，以满足客户需求	1	2	3	4	5
5	我们企业致力于创造客户价值	1	2	3	4	5
6	我们企业努力理解客户需求，并寻求满足需求的方案	1	2	3	4	5
7	我们企业以顾客满意为经营目标	1	2	3	4	5
8	我们企业能对竞争者的行为做出快速反应	1	2	3	4	5

二、协同管理

序号	请您根据公司实际情况，对协同管理情况评分	分数（1→5，表示完全不同意→完全同意）				
1	我们企业与合作伙伴之间具有一致的合作目标及合作动机	1	2	3	4	5
2	我们企业与合作伙伴之间文化相容，经营模式相近	1	2	3	4	5
3	我们企业与合作伙伴之间能够建立沟通平台，促进文化包容	1	2	3	4	5
4	我们企业和合作伙伴的知识技术具有适度的相近性	1	2	3	4	5
5	我们企业和合作伙伴的知识技术具有适度的互补性	1	2	3	4	5
6	我们企业与合作伙伴之间能够相互激励，进行知识和信息的交换	1	2	3	4	5
7	我们企业与合作伙伴能够在合作项目中合理分工、相互协作	1	2	3	4	5
8	我们企业与合作伙伴之间相互高度依赖	1	2	3	4	5

三、商业模式创新

序号	请您根据公司实际情况，对商业模式创新情况评分	分数（1→5，表示完全不同意→完全同意）				
1	我们企业的商业模式能减少合作伙伴的库存成本	1	2	3	4	5
2	我们企业的商业模式能减少营销、销售、沟通等方面的交易成本	1	2	3	4	5

续表

序号	请您根据公司实际情况，对商业模式创新情况评分	分数（1→5，表示完全不同意→完全同意）				
3	我们企业交易活动很透明	1	2	3	4	5
4	我们企业可以与合作伙伴共享信息，以降低产品信息的不对称程度	1	2	3	4	5
5	我们企业的商业模式能接触更大范围的产品、服务、信息以及潜在合作伙伴信息	1	2	3	4	5
6	我们企业的商业模式可以实现快速交易	1	2	3	4	5
7	我们企业的商业模式能够提供全新的产品、信息和服务的组合	1	2	3	4	5
8	我们企业的商业模式能够吸引新的合作伙伴	1	2	3	4	5
9	我们企业能在交易中采用新颖的方式来激励合作伙伴	1	2	3	4	5
10	我们企业的商业模式以新的方式实现双方交易	1	2	3	4	5
11	我们企业不断创新我们的商业模式	1	2	3	4	5
12	还存在其他潜在企业商业模式能够超越我们企业的商业模式	1	2	3	4	5

四、企业绩效

序号	请您根据公司实际情况，对企业绩效情况评分	分数（1→5，表示完全不同意→完全同意）				
1	我们企业的总资产净利率 ROA 保持在较高的水平	1	2	3	4	5
2	我们企业的净资产收益率 ROE 保持在较高的水平	1	2	3	4	5

续表

序号	请您根据公司实际情况，对企业绩效情况评分	分数（1→5，表示完全不同意→完全同意）				
3	我们企业的资产流动性保持在较高的水平	1	2	3	4	5
4	我们企业的新产品或新服务在不断增长	1	2	3	4	5
5	我们企业的销售渠道、客户量、网络在不断增长	1	2	3	4	5
6	我们企业的知识产权、品牌在不断增长	1	2	3	4	5

再次谢谢您的大力支持！

参考文献

[1] ALLEE V.Value Network Analysis and Value Conversion of Tangible and Intangible Assets[J]. Journal of Intellectual Capital, 2008, 9 (1): 5-24.

[2] AMIT R, ZOTT C.Value Creation in E-business [J].Strategic Management Journal, 2001 (6-7): 493-520.

[3] AMIT R, ZOTT C.Value Drivers of E-commerce Business Models[M]. INSEAD, 2002.

[4] ASPARA J, HIETANEN J, TIKKANEN H. Business Model Innovation vs Replication: Financial Performance Implications of Strategic Emphases [J]. Journal of Strategic Marketing, 2010, 18 (1): 39-56.

[5] BERGER S, DORE R P. National Diversity and Global Capitalism[M]. National Diversity and Global Capitalism, Cornell University Press, 1996.

[6] CASADESUS-MASANELL R, Zhu F. Business Model Innovation and Competitive Imitation: The Case of Sponsor-based Business Models [J]. Strategic Management Journal, 2013, 34 (4): 464–482.

[7] FRANKENBERGER K, WEIBLEN T, CSIK M, etal. The 4I-framework of Business Model Innovation: A Structured View on Process Phases and Challenges[J]. International Journal of Product Development, 2013, 18 (3/4): 249-273.

[8] HAMEL G.Leading the Revolution[M].Boston: Harvard Business School Press, 2000.

[9] HUARNG K H. A Two-tier Business Model and Its Realization for Entrepreneurship[J]. Journal of Business Research, 2013, 66 (10): 2102-2105.

[10] KAPLAN R S, NORTON D P. The Balanced Scorecard-Measures that Drive Performance[J]. Harvard Business Review, 1992, 70 (1): 71-79.

[11] KING S W, SOLOMON G. The Entrepreneur and the Ventures Life Cycle Stage: An Integrative Model Exploring Roles and Relationships [Z]. Center for Family Enterprise, 1995.

[12] LUMPKIN G T, DESS G G. Clarifying the Entrepreneurial Orientation Construct and Linking It to Performance[J]. The Academy of Management Review, 1996, 21 (1): 135-172.

[13] MEZGER F. Toward a Capability-based Conceptualization of Business Model Innovation: Insights from an Explorative Study [J]. R&D Management, 2014, 44 (5): 429-449.

[14] MITCHELL E G, CHRISTIAN C.Business Model Innovation as Lever of Organizational Sustainability [J].Journal of Technology Transfer, 2014, 27 (1): 85-104.

[15] NARVER J C, SLATER, S F, MACLACHLAN D L. Total Market

Orientation Business Performance and Innovation[R]. Working Paper Marketing Science Institute, 2000.

[16] NARVER J, SLATER S. The Effect of a Market Orientation on Business Profitabilit [J] .Journal of Marketing, 1990, 54 (3): 20-37.

[17] OSTERWALDER A, PIGNEUR Y, TUCCI C L. Clarifying Business Models: Origins, Present, and Future of the Concept[J]. Communications of the Information Systems, 2005, 15 (5): 1-25.

[18] PRABAKA K, DAVID T W. The Future of Competition[J].Industrial Marketing Management, 2001, 30 (4): 379-389.

[19] RINDOVA V P, KOTHA S. Continous "Morphing": Competing through Dynamic Capabilities, Form,and Function [J].Academy of Management Journal, 2001, 44 (6): 1263-1280.

[20] SABATIER V, MANGEMATIN V, ROUSSELLE T. From Recipe to Dinner: Business Model Protfolios in the European Biopharmaceutical Industry[J].Long Range Planning, 2010, 43 (2-3): 431-447.

[21] TEECE D J. Business Models, Business Strategy and Innovation[J]. Long Range Planning, 2010, 43 (1): 172-194.

[22] Velu C. Business Model Innovation and Third-party Alliance on the Survival of New Firms[J]. Technovation, 2015, 35 (1): 1-11.

[23] ZOTT C, AMIT R, Massa L.The Business Model: Recent Developments and Future Research[J].Journal of Management, 2011, 37 (4): 1019-1042.

[24] ZOTT C, AMIT R. Business Model Design and the Performance of

Entrepreneurial Firms[J]. Organization Science, 2007, 18（2）: 181-199.

[25] ZOTT C, AMIT R.Designing Your Future Business Model: An Activity System Perspective[J]. Long Range Planning, 2010, 43(2-3): 216-226.

[26] ZOTT C, AMIT R.The Fit between Product Market Strategy and Business Model: Implications for Firm Performance[J].Strategic Management Journal, 2008, 29（1）: 1-26.

[27] ZOTT C.AMIt R.The Business Model as the Engine of Network-base Strategies[M]. FT Press, 2009.

[28] 毕波.国际贸易和电子商务协同发展探析[J].商业经济研究, 2020（13）: 151-154.

[29] 才正.消费升级背景下供应链动态能力对农业企业竞争优势的影响研究[D].杭州: 浙江大学, 2019.

[30] 蔡俊亚, 党兴华.商业模式创新对财务绩效的影响研究: 基于新兴技术企业的实证[J]. 运筹与管理, 2015（2）: 272-280.

[31] 蔡羚奕.信息技术投资与企业绩效[D].南京: 南京邮电大学, 2018.

[32] 曾锵.大数据驱动的商业模式创新研究[J].科学学研究, 2019（6）: 1142-1152.

[33] 曾莹莹, 朴赞一.国内外商业模式创新研究现状——基于CiteSpace的文献计量分析[J].商业经济研究, 2019（16）: 44-47.

[34] 常国俊.ZZAF公司商业模式诊断与创新[D].郑州: 郑州大学, 2015.

[35] 常禾雨, 冯立杰, 岳俊举. 面向 BOP 市场的商业模式创新与企业绩效的作用机理 [J]. 企业经济, 2017（7）: 134-140.

[36] 陈海涛, 于晓宇. 机会开发模式、战略导向与高科技新创企业绩效 [J]. 科研管理, 2011（12）: 61-67+73.

[37] 陈继祥, 张源, 陆耀辉. 企业竞争优势中的合作协同作用 [J]. 企业经济, 2000（7）: 36-38.

[38] 陈建梁, 周军. 投资者保护与上市公司业绩 [J]. 南方金融, 2006（4）: 53-56.

[39] 陈劲, 阳银娟. 协同创新的理论基础与内涵 [J]. 科学学研究, 2012（2）: 161-164.

[40] 陈静怡. O2O 模式下供应链协同影响因素的实证分析 [J]. 物流科技, 2018（9）: 94-99.

[41] 陈菊红, 张睿君, 张雅琪. 服务化战略对企业绩效的影响——基于商业模式创新的中介作用 [J]. 科研管理, 2020（4）: 131-139.

[42] 陈明. 商业模式: 创业的视角 [M]. 厦门: 厦门大学出版社, 2011.

[43] 陈新华, 封智勇, 余来文. 互联网思维下的企业商业模式转型 [J]. 商业经济研究, 2016（10）: 87-88.

[44] 陈秀梅. 商业模式创新路径研究综述 [J]. 当代经济, 2019（1）: 100-103.

[45] 陈亚光, 吴月燕, 杨智. 商业模式创新对财务绩效的影响: 一个整合模型 [J]. 中国科技论坛, 2017（3）: 156-162.

[46] 陈志军, 刘晓. 母子公司协同效应评价的一种模型 [J]. 经济管理, 2010（10）: 51-56.

[47] 成海清. 基于顾客价值导向的战略定位研究 [D]. 天津: 天津大学, 2006.

[48] 程炜.商业模式创新研究综述[J].价值工程,2019(23):287-289.

[49] 迟考勋,邵月婷.商业模式创新、资源整合与新创企业绩效[J].外国经济与管理,2020(3):3-16.

[50] 崔剑.制造业服务化对企业绩效的影响[D].昆明:云南财经大学,2020.

[51] 崔楠,江彦若.商业模式设计与战略导向匹配性对业务绩效的影响[J].商业经济与管理,2013(12):45-53.

[52] 丁红玉.IT投入对制造企业绩效的影响[D].武汉:华中科技大学,2019.

[53] 丁宁,丁华.实体零售全渠道商业模式创新对经营绩效的影响——基于双重差分法的研究[J].商业经济与管理,2020(7):17-26.

[54] 董倩.商业模式创新、财务绩效与企业社会责任[D].重庆:重庆理工大学,2017.

[55] 杜庆昊.中国数字经济协同治理研究[D].北京:中共中央党校,2019.

[56] 段霄,金占明.战略群组视角下的企业战略定位研究——战略距离、定位方向和战略改变对绩效的影响[J].科学学与科学技术管理,2014(3):108-116.

[57] 冯雪飞.商业模式创新中顾客价值主张研究[D].大连:大连理工大学,2015.

[58] 付浩.商业模式驱动下的企业财务战略对财务绩效影响研究[D].武汉:武汉纺织大学,2019.

[59] 高传贵.企业自主创新内生性驱动因素的影响机制与系统构建研

究[D].济南：山东大学，2018.

[60] 高闯,关鑫.企业商业模式创新的实现方式与演进机理——一种基于价值链创新的理论解释[J].中国工业经济,2006（11）：83-90.

[61] 郜蕾.5G"新基建",新场景、新模式[J].互联网天地,2020（6）：20-23.

[62] 葛爱青.安徽建工整体上市绩效研究[D].杭州：浙江工商大学,2020.

[63] 龚诗婕,吕庆华.基于价值链向价值网演化的商业模式创新研究述评[J].商业经济研究,2018（22）：95-97.

[64] 龚焱,郝亚洲.价值革命：重构商业模式的方法论[M].机械工业出版社,2016.

[65] 郭海,韩佳平.数字化情境下开放式创新对新创企业成长的影响：商业模式创新的中介作用[J].管理评论,2019（6）：186-198.

[66] 郭海,李永慧.数字经济背景下政府与平台的合作监管模式研究[J].中国行政管理,2019（10）：56-61.

[67] 郭宏.基于协同创新的高技术企业绩效管理研究[D].天津：天津大学,2009.

[68] 郭京京,陈琦.电子商务商业模式设计对企业绩效的影响机制研究[J].管理工程学报,2014（3）：83-90.

[69] 郭梁.上市家族企业股权结构与企业绩效关系实证研究[D].西安：西安科技大学,2020.

[70] 郭韬,吴叶,刘洪德.企业家背景特征对技术创业企业绩效影响的实证研究——商业模式创新的中介作用[J].科技进步与对策,2017（5）：86-91.

[71] 郭伟光，王晨.基于要素视角的农产品O2O电子商务商业模式创新研究[J].山西农经，2019（21）：4-6.

[72] 郭永昊.战略管理与商业模式——读《战略管理：竞争与全球化（概念）》有感[J].财务与会计，2018（10）：87-88.

[73] 何迪.电子商务商业模式设计对企业绩效的影响机制[J].山西农经，2018（3）：129.

[74] 何宁，顾颖.协同效应、组织搜索能力对商业模式创新的作用机制分析——基于高新技术企业的实证分析[J].生产力研究，2017（3）：99-102+139.

[75] 何叶.科技型中小企业战略导向、专利质量与企业绩效的关系研究[D].成都：电子科技大学，2018.

[76] 何振乾.服务导向逻辑下制造企业内外部协同创新管理机制研究[D].上海：东华大学，2018.

[77] 贺灵，单汨源，邱建华.创新网络要素及其协同对科技创新绩效的影响研究[J].管理评论，2012（8）：58-68.

[78] 胡杨成.环境变动、非营利组织创新与组织绩效的关系研究[J].软科学，2012（3）：4-9.

[79] 黄艾佳，白冰，张珊珊.基于价值链视角的商业模式对企业绩效的影响研究——以上市医药企业为例[J].生产力研究，2019（4）：145-153.

[80] 黄世忠，黄晓韡.商业模式的角色地位亟待明确：从商业模式对会计的影响谈开去[J].商业会计，2018（21）：6-8.

[81] 黄晓天.基于索菲亚商业模式转型的财务绩效研究[D].武汉：武汉纺织大学，2020.

[82] 惠扬.基于价值网络理论的商业模式创新评价[D].青岛：青岛大

学，2019.

[83] 嵇国平，阚云艳，苏志雄，等.企业软实力、利益相关者关系对绩效影响研究[J].经济问题，2017（10）：74-81.

[84] 贾建锋，唐贵瑶，李俊鹏，等.高管胜任特征与战略导向的匹配对企业绩效的影响[J].管理世界，2015（2）120-132.

[85] 贾琳琳.大数据时代企业商业模式创新策略研究[J].营销界，2019（43）：249-250.

[86] 贾明明.商业模式创新探析[J].山西农经，2019（11）：13-14.

[87] 简兆权，曾经莲.基于价值共创的"互联网＋制造"商业模式及其创新[J].企业经济，2018（8）：70-77.

[88] 江娟.商业模式创新与绩效：生命周期与关系嵌入性的调节[J].商场现代化，2018（22）：1-3.

[89] 江美霖.数字时代商业模式的创新方法分析[J].产业创新研究，2019（3）：65-66.

[90] 蒋跃进，梁樑.团队绩效管理研究述评[J].经济管理，2004（13）：46-49.

[91] 解群鸣.基于组织协同的企业集团战略业绩评价体系研究[D].厦门：厦门大学，2007.

[92] 解学梅，方良秀.国外协同创新研究述评与展望[J].研究与发展管理，2015（4）：16-24.

[93] 解学梅，霍佳阁，吴永慧.TMT异质性对企业协同创新绩效的影响机理研究[J].科研管理，2019（9）：37-47.

[94] 解学梅，刘丝雨.协同创新模式对协同效应与创新绩效的影响机理[J].管理科学，2015（2）：27-39.

[95] 解学梅，吴永慧，赵杨.协同创新影响因素与协同模式对创新绩

效的影响——基于长三角316家中小企业的实证研究[J]. 管理评论, 2015（8）: 77-89.

[96] 解学梅, 吴永慧. 企业协同创新文化与创新绩效: 基于团队凝聚力的调节效应模型[J]. 科研管理, 2013（12）: 66-74.

[97] 解学梅, 徐茂元. 协同创新机制、协同创新氛围与创新绩效——以协同网络为中介变量[J]. 科研管理, 2014, 35（12）: 9-16.

[98] 解学梅. 企业协同创新影响因素与协同程度多维关系实证研究[J]. 科研管理, 2015（2）: 69-78.

[99] 金泓凡. 企业新定位与企业的发展[J]. 福建论坛（人文社会科学版）, 2006（10）: 21-23.

[100] 荆浩, 张冬秀. 面向生态创新的商业模式与企业绩效研究述评[J]. 中国科技论坛, 2013（9）: 76-82.

[101] 康伟, 姜宝. 数字经济的内涵、挑战及对策分析[J]. 电子科技大学学报（社科版）, 2018（5）: 12-18.

[102] 康益敏, 朱先奇, 李雪莲. 科技型企业伙伴关系、协同创新与创新绩效关系的实证研究[J]. 预测, 2019（5）: 9-15.

[103] 孔海东, 张培, 刘兵. 商业模式创新与价值共创: 一个整合分析框架[J]. 管理现代化, 2019（2）: 26-29.

[104] 蓝庆新, 窦凯. 共享时代数字经济发展趋势与对策[J]. 理论学刊, 2017（6）: 55-61.

[105] 李灿. 国有企业绩效评价研究: 理论发展与模式重构[J]. 财经理论与实践, 2012（6）: 97-101.

[106] 李飞, 乔晗. 数字技术驱动的工业品服务商业模式演进研究——以金风科技为例[J]. 管理评论, 2019（8）: 295-304.

[107] 李福成. 新型国有企业定位与效率问题研究[D]. 大连: 东北财经

大学，2011.

[108] 李海舰，周霄雪.产品十化：重构企业竞争新优势[J].经济管理，2017（10）：33-43.

[109] 李海舰，朱芳芳，李凌霄.对新经济的新认识[J].企业经济，2018（11）：45-54.

[110] 李红浪，李星，邓金锁.经营者绩效考核的有效工具：企业绩效[J].企业经济，2005（6）：65-66.

[111] 李鸿磊，柳谊生.商业模式理论发展及价值研究述评[J].经济管理，2016（9）：186-199.

[112] 李会军，葛京，席酉民.理解商业模式：基于哲学三角验证的探讨[J].管理学报，2016（11）：1587-1596.

[113] 李会军，席酉民.一个探索性的商业模式创新理论框架——基于质性案例研究的元综合[J].西安交通大学学报（社会科学版），2019（2）：59-71.

[114] 李健，王亚静，冯耕中，等.供应链金融述评：现状与未来[J].系统工程理论与实践，2020（8）：1977-1995.

[115] 李晶.商业模式与企业绩效关系探讨——基于商业模式创新分类视角[J].商业经济研究，2019（22）：118-121.

[116] 李庆华.企业战略定位：一个理论分析构架[J].科研管理，2004（1）：7-13.

[117] 李秋韵.基于差异化战略视角下的民营快递上市企业的盈利能力分析[D].成都：西南财经大学，2019.

[118] 李睿琪.个体协同创新模式对协同效应与创新绩效的影响[J].中小企业管理与科技（中旬刊），2019（3）：42-43.

[119] 李巍，丁超.企业家精神、商业模式创新与经营绩效[J].中国科

技论坛，2016（7）：124-129.

[120] 李巍，丁超.商业模式创新驱动市场效能的机制研究——营销动态能力的调节效应[J].商业经济与管理，2017（4）：70-79.

[121] 李巍.战略导向、商业模式创新与经营绩效——基于我国制造型中小企业数据的实证分析[J].商业研究，2017（1）：34-41.

[122] 李唯滨，丹茹霞，李美慧.平安协同海尔供应链金融模式运用[J].财务管理研究，2020（2）：8-22.

[123] 李先江.绿色创业导向背景下动态营销能力、顾客价值创新与企业绩效的关系研究[J].软科学，2013（9）：60-63+72.

[124] 李显君，王巍，刘文超，等.中国上市汽车公司所有权属性、创新投入与企业绩效的关联研究[J].管理评论，2018（2）：71-82.

[125] 李献宾，江心英.全球价值链理论研究综述[J].商业时代，2010（11）：41-42.

[126] 李晓昆.模块化战略、供应链敏捷性和企业绩效关系实证研究[D].郑州：河南大学，2019.

[127] 李亚.混合所有制改革、商业模式创新与企业绩效研究[D].郑州：河南大学，2019.

[128] 李占雷，霍帆帆，霍朝光.商业模式创新男女有别？——基于知识管理视角[J].华东经济管理，2017（10）：128-135.

[129] 李长江.关于数字经济内涵的初步探讨[J].电子政务，2017（9）：84-92.

[130] 李长江.关于数字经济内涵的初步探讨[J].电子政务，2017（9）：84-92.

[131] 李志强，赵卫军.企业技术创新与商业模式创新的协同研究[J].中国软科学，2012（10）：117-124.

[132] 林桂平，魏炜，朱武祥.基于交易结构的商业模式构成要素分析 [J].商业时代，2014（28）：89-93.

[133] 林海涛，许骏.基于 TRIZ 理论的技术创新和商业模式协同创新研究 [J].工业技术经济，2019（4）：37-42.

[134] 林晓伟，余来文.协同管理互联网时代的商业智慧 [M].经济管理出版社，2018.

[135] 林展.信息技术投资对港口企业绩效影响的研究 [D].广州：广东外语外贸大学，2019.

[136] 刘刚，王丹，李佳.高管团队异质性、商业模式创新与企业绩效 [J].经济与管理研究，2017（4）：105-114.

[137] 刘刚.商业模式创新时机与强度对企业绩效的影响——基于资源基础观的视角 [J].北京交通大学学报（社会科学版），2017（2）：66-75.

[138] 刘井建，史金艳.组织要素对新创企业成长绩效的影响机制研究 [J].科研管理，2013（9）：81-88.

[139] 刘静芸.战略协同下的绩效管理冲突研究 [D].成都：西南财经大学，2016.

[140] 刘明宇，芮明杰.价值网络重构、分工演进与产业结构优化 [J].中国工业经济，2012（5）：148-160.

[141] 刘宇宁.商业模式创新对永辉超市财务绩效的影响研究 [D].哈尔滨：哈尔滨商业大学，2020.

[142] 刘昭洁.数字经济背景下的产业融合研究 [D].北京：对外经济贸易大学，2018.

[143] 刘智韬.我国中档酒店战略定位研究 [D].北京：对外经济贸易大学，2015.

[144] 卢馨，汪柳希，鲁成方. 技术导向与市场导向的战略协同研究 [J]. 南方经济，2014（10）：30-44.

[145] 鲁成方. 技术导向与市场导向的战略协同及其对企业绩效的影响 [D]. 广州：暨南大学，2013.

[146] 陆天华，虞紫燕，蒋书洪，等. 企业经营者绩效考核指标体系的构建研究 [J]. 上海农业学报，2016（2）：105-110.

[147] 罗点点. 商业模式创新视角下的财务绩效研究 [D]. 武汉：湖北经济学院，2019.

[148] 罗薇. 基于流量价值化的互联网商业模式创新 [J]. 通信与信息技术，2019（6）：69-72.

[149] 罗兴武，项国鹏，宁鹏，等. 商业模式创新如何影响新创企业绩效？——合法性及政策导向的作用 [J]. 科学学研究，2017（7）：1073-1084.

[150] 罗贞礼. 我国数字经济发展的三个基本属性 [J]. 人民论坛·学术前沿，2020（17）：6-12.

[151] 吕本波. 基于要素协同的企业商业模式创新途径研究 [J]. 对外经贸，2014（4）：105-107.

[152] 吕锡铮. 商业模式创新——基于价值网络视角 [J]. 现代营销（下旬刊），2019（4）：3.

[153] 马浩. 战略管理：商业模式创新 [M]. 北京：北京大学出版社，2015.

[154] 马蓝. 新创企业不同战略导向对商业模式创新的影响研究 [J]. 技术经济与管理研究，2019（5）：62-67.

[155] 马蓝. 新创企业创新驱动对企业绩效的影响机制——创业拼凑及创业学习有调节的中介作用 [J]. 科技进步与对策，2019（18）：

87-95.

[156] 马敏.新东方在线商业模式创新研究[D].西安：西北大学，2019.

[157] 毛申伟.互联网情境下TL物流公司商业模式优化研究[D].北京：北京交通大学，2018.

[158] 毛溢辉.供应链合作稳定性因素对供应链绩效的影响研究[D].杭州：浙江大学，2008.

[159] 孟鹰.商业模式创新——云计算的视角[M].北京：经济管理出版社，2014.

[160] 母成林.战略人力资源管理匹配商业模式创新如何影响企业绩效——基于白酒行业的模糊集定性比较分析[J].现代商业，2020（30）：115-116.

[161] 南星恒，杨静，曲培烊.企业竞争新方式：网络竞争——企业网络理论的综述[J].济南大学学报（社会科学版），2014（4）：75-79.

[162] 潘敏.苏宁易购商业模式创新的财务绩效研究[D].石河子：石河子大学，2019.

[163] 庞学卿.商业模式创新的前因及绩效：管理决策视角[D].杭州：浙江大学，2016.

[164] 庞长伟，李垣，段光.整合能力与企业绩效：商业模式创新的中介作用[J].管理科学，2015（5）：31-41.

[165] 彭晓辉.企业定位战略的演化[J].中外企业家，2013（11）：21-23.

[166] 彭元，封智勇，余来文.企业商业模式创新研究：移动互联网视角[M].北京：经济管理出版社，2019.

[167] 戚聿东，肖旭.数字经济时代的企业管理变革[J].管理世界，

2020（6）：135-152+250.

[168] 任义忠.基于价值网络视角的报业传媒企业商业模式创新与企业绩效关系研究[D].济南：山东大学，2020.

[169] 邵朝对，苏丹妮.全球价值链生产率效应的空间溢出[J].中国工业经济，2017（4）：94-114.

[170] 司晓，孟昭莉，王花蕾，等.数字经济：内涵、发展与挑战[J].互联网天地，2017（3）：23-28.

[171] 宋罡.传统出版单位数字出版商业模式试析[J].传播力研究，2017（9）：224.

[172] 苏爱月.商业模式创新与企业绩效关系的研究[J].企业改革与管理，2015（24）：91.

[173] 苏乐天，杜栋.协同管理研究综述与展望[J].科技管理研究，2015，35（24）：198-202.

[174] 孙竹，李刚，周玲芝，等.互联网商业模式的理论与实践——兼论对电动汽车产业发展的影响[J].国际经济合作，2016（8）：34-38.

[175] 唐彬，卢艳秋，赵彬.跨界搜寻与大数据能力协同作用下平台企业商业模式创新研究[J].图书情报工作，2020（5）：124-132.

[176] 唐艳.交易成本理论在价值链成本管理中的应用[J].财会月刊，2015（34）：7-9.

[177] 陶虎，周升师.基于模块化的商业模式创新路径研究[J].山东财经大学学报，2016（3）：91-102+117.

[178] 陶冉.跨国石油公司社会责任与财务绩效研究[D].上海：华东师范大学，2012.

[179] 田庆锋，张银银，杨清.商业模式创新：理论研究进展与实证研

究综述 [J]. 管理现代化，2018（1）：123-128.

[180] 涂家榕. 现代商业地产营销中 STP 战略应用浅析 [J]. 商场现代化，2019（8）：54-55.

[181] 王晨. 市场导向、组织学习与服务创新绩效关系的实证研究 [D]. 广州：华南理工大学，2014.

[182] 王春晓. 我国企业集团内部战略协同机制研究 [D]. 上海：华东理工大学，2015.

[183] 王德胜，辛杰，吴创. 战略导向、两栖创新与企业绩效 [J]. 中国软科学，2016（2）：114-125.

[184] 王红. 企业商业模式对财务绩效影响研究 [J]. 商业经济研究，2015（36）：100-101.

[185] 王化成，钟凯，郝恩琪，等. 企业战略定位与公司财务行为：理论研究框架与建议 [J]. 财务研究，2018（6）：3-13.

[186] 王建平，吴晓云. 竞合视角下网络关系强度、竞合战略与企业绩效 [J]. 科研管理，2019（1）：121-130.

[187] 王江哲，陈晓菲，刘益. 商业模式整合、冲突与企业绩效间关系研究 [J]. 管理评论，2019（7）：225-238.

[188] 王金凤，王永正，冯立杰，等. 创新基因学视角下商业模式创新方法研究 [J]. 科技进步与对策，2020（1）：18-27.

[189] 王锦程，刘琼，周梦渝. 技术创新中介平台研究综述：内涵、构成及商业模式 [J]. 商业经济研究，2019（2）：101-104.

[190] 王菁娜，乔时. 市场导向的概念发展与维度测量研究 [J]. 河北大学学报（哲学社会科学版），2010（3）：106-111.

[191] 王静. 价值主张下的商业模式创新：亚马逊转型的案例研究 [J]. 沈阳工程学院学报（社会科学版），2018（2）：195-198+279.

[192] 王莉.高管薪酬公平对公司绩效的影响研究[D].济南：山东大学，2014.

[193] 王勉，黄颖，杨颖.互联网平台下商业模式创新的路径、经验和启示[J].科技和产业，2019（4）：92-98.

[194] 王琴.关系嵌入性对上下游供应链协同合作绩效的影响研究[D].杭州：浙江工商大学，2011.

[195] 王琴.基于价值网络重构的企业商业模式创新[J].中国工业经济，2011（1）：79-88.

[196] 王秋妹.技术创新、商业模式创新及其耦合对企业成长的影响[D].湘潭：湘潭大学，2019.

[197] 王水莲，常联伟.商业模式概念演进及创新途径研究综述[J].科技进步与对策，2014（7）：154-160.

[198] 王太盈.协同效应理论文献综述研究[J].经济研究导刊，2019（31）：11+24.

[199] 王伟.数字经济与传统商业融合的模式创新[J].杭州电子科技大学学报（社会科学版），2019（5）：26-30.

[200] 王伟玲，王晶.我国数字经济发展的趋势与推动政策研究[J].经济纵横，2019（1）：69-75.

[201] 王文华，张卓，蔡瑞林.开放式创新组织间协同管理影响知识协同效应研究[J].研究与发展管理，2018（5）：38-48.

[202] 王鑫鑫.软件企业商业模式创新研究[D].武汉：华中科技大学，2011.

[203] 王旭.中国情境下商业模式与企业绩效关系研究[D].北京：北京科技大学，2018.

[204] 王雪冬.商业模式创新概念研究述评与展望[J].外国经济与管

理，2013（1）：29-36+81.

[205] 王永德，韩悦.基于治理结构视角分析技术创新对企业绩效的影响[J].黑龙江八一农垦大学学报，2019（6）：96-104.

[206] 王渊铭，傅贤治.手机行业商业模式创新与企业绩效实证分析[J].合作经济与科技，2016（12）：134-136.

[207] 魏蒙.融资结构对企业绩效影响机理研究[D].上海：上海社会科学院，2017.

[208] 魏炜.共生时代的商业模式创新[J].企业观察家，2019（3）：74-75.

[209] 魏泽龙，李垣，徐强.公司治理机制、战略导向与企业绩效关系研究[J].现代管理科学，2008（7）30-32.

[210] 翁君奕.介观商务模式：管理领域的"纳米"研究[J].中国经济问题，2004（1）：34-40.

[211] 邬关荣，蒋梦伟.商业模式与企业绩效关系的文献综述[J].特区经济，2018（4）：156-158.

[212] 巫德富，谭雪燕."互联网+"时代背景下的跨界研究——基于价值链和价值网络理论视角[J].经济研究导刊，2018（18）：41-43.

[213] 吴隽，张建琦，刘衡，等.新颖型商业模式创新与企业绩效：效果推理与因果推理的调节作用[J].科学学与科学技术管理，2016（4）：59-69.

[214] 吴隽，张建琦，刘衡.效率型商业模式创新与企业绩效关系研究——因果推理与效果推理的调节作用[J].技术经济与管理研究，2016（3）：8-13.

[215] 吴太轩，李鑫.互联网商业模式创新的经济法激励[J].西南石油

大学学报（社会科学版），2019（6）：22-30.

[216] 吴小节，杨尔璞，汪秀琼. 交易成本理论在企业战略管理研究中的应用述评[J]. 华东经济管理，2019（6）：155-166.

[217] 吴晓波，姚明明，吴朝晖，等. 基于价值网络视角的商业模式分类研究：以现代服务业为例[J]. 浙江大学学报（人文社会科学版），2014（2）：64-77.

[218] 吴晓波，赵子溢. 商业模式创新的前因问题：研究综述与展望[J]. 外国经济与管理，2017（1）：114-127.

[219] 吴玥，杜梦丹. 商业模式创新：研究综述与展望[J]. 商业经济研究，2019（4）：101-104.

[220] 武桂超. 基于扎根理论的商业模式创新机制研究[D]. 青岛：青岛大学，2018.

[221] 肖菲. SH房地产发展股份有限公司战略成本管理研究[D]. 天津：天津科技大学，2019.

[222] 肖胜，陈晓芳. 商业模式创新对企业绩效的影响——基于森马企业案例研究[J]. 科技经济导刊，2017（1）：199+163.

[223] 肖雅玲. 大数据背景下的商业模式创新——基于文献计量法分析[J]. 价值工程，2019（18）：294-296.

[224] 谢雅倩. H公司商业模式创新对绩效的影响[D]. 南京：南京师范大学，2019.

[225] 徐超，池仁勇. 多维企业家社会资本、企业吸收能力与企业绩效研究[J]. 科技进步与对策，2016（10）：82-88.

[226] 徐晨. 研发投入与企业绩效：综述与展望[J]. 江苏商论，2020（7）：117-121+141.

[227] 徐诚直. 交易成本、经济规模和经济增长[J]. 审计与经济研究，

2016（5）：120-128.

[228] 徐迪.高新技术企业学习导向、大数据能力与商业模式创新关系的实证研究[D].哈尔滨：哈尔滨商业大学，2018.

[229] 徐蕾，颜上力.协同创新背景下制造企业商业模式创新对价值创造的双中介作用机理研究[J].浙江社会科学，2019（7）：14-22+155.

[230] 徐燕.创意型中小企业绩效考核方案优化研究[D].上海：上海外国语大学，2020.

[231] 许小虎，项保华.企业网络理论发展脉络与研究内容综述[J].科研管理，2006（1）：114-120+126.

[232] 阳银娟，陈劲.开放式创新中市场导向对创新绩效的影响研究[J].科研管理，2015（3）：103-110.

[233] 杨翠红，田开兰，高翔，等.全球价值链研究综述及前景展望[J].系统工程理论与实践，2020（8）：1961-1976.

[234] 杨琳.共享经济下企业商业模式创新发展研究[J].价值工程，2019（34）：23-24.

[235] 杨明刚.定位理论的创新点及应用价值[J].常州工学院学报，2004（3）：15-18.

[236] 杨松华.应用价值链理论做好市场营销策划[J].北京工业大学学报，1998（S1）：32-36.

[237] 杨学成，陶晓波.社会化商务背景下的价值共创研究——柔性价值网的视角[J].管理世界，2015（8）：170-171.

[238] 杨卓.科技型企业商业模式分类及演进机制[D].杭州：浙江工商大学，2016.

[239] 叶明，郭江兰.互联网商业模式创新的政府监管困境与应对[J].

重庆邮电大学学报（社会科学版），2020（3）：64-72.

[240] 尹雪婷. 商业模式创新的类型与企业绩效结构[J]. 管理观察，2019（8）：9-10.

[241] 尹雪婷. 商业模式创新与企业绩效关系的实证研究[D]. 长春：吉林大学，2020.

[242] 于伟，陈智锋. 价值体系演化视角下大数据对商业模式创新的影响[J]. 商业经济研究，2019（13）：98-100.

[243] 余端，胡晓，孙国鱼. 基于价值创造视角科技型企业商业模式演进机制——以校宝在线为例[J]. 中国市场，2019（30）：43-45.

[244] 喻登科，严红玲. 技术创新与商业模式创新二元耦合组织成长路径：华为30年发展历程研究[J]. 科技进步与对策，2019（23）：85-94.

[245] 喻登科，严影. 技术创新与商业模式创新相互作用关系及对企业竞争优势的交互效应[J]. 科技进步与对策，2019（11）：16-24.

[246] 袁平. 互动导向、市场环境、战略类型与企业绩效之关系研究[D]. 长春：吉林大学，2010.

[247] 原磊，张小光. 商业模式评估的理论框架研究[J]. 中国社会科学院研究生院学报，2016（1）：39-49.

[248] 原磊. 商业模式与企业创新[M]. 北京：经济管理出版社，2017.

[249] 张楚格. 基于六要素模型的小米商业模式探究[J]. 南方企业家，2018（4）：158+160.

[250] 张罡，王宗水，赵红. 互联网+环境下营销模式创新：价值网络重构视角[J]. 管理评论，2019（3）：94-101.

[251] 张桂杰. 商业模式创新、产业升级与财务绩效分析[J]. 商业会计，2020（12）：54-56.

[252] 张慧, 周小虎. 企业社会资本与组织绩效的关系——基于元分析的文献综述 [J]. 技术经济, 2019（3）: 114-121.

[253] 张佳成. 绿色创业导向对创业企业绩效的影响 [D]. 长春: 吉林大学, 2020.

[254] 张家婷, 朱兆珍. 商业模式与财务管理的逻辑关系分析 [J]. 商业会计, 2018（16）: 52-53.

[255] 张静晓, 王引, 白礼彪. 基于信息共享的建设项目协同管理模式研究 [J]. 工程管理学报, 2016（2）: 91-96.

[256] 张娟. 基于任务复杂性的企业网络组织协同动机关联研究 [D]. 天津: 天津财经大学, 2009.

[257] 张亮亮, 刘小凤, 陈志. 中国数字经济发展的战略思考 [J]. 现代管理科学, 2018（5）: 88-90.

[258] 张路蓬. 基于创新网络的协同创新机制研究 [D]. 哈尔滨: 哈尔滨工程大学, 2016.

[259] 张璐, 周琪, 苏敬勤, 等. 新创企业如何实现商业模式创新？——基于资源行动视角的纵向案例研究 [J]. 管理评论, 2019（9）: 219-230.

[260] 张娜. 创新生态情景下湖北制造业中小企业定位与融合发展策略 [D]. 武汉: 武汉理工大学, 2017.

[261] 张荣佳. 商业模式创新: 渐进性还是颠覆性创新 [J]. 上海商学院学报, 2019（2）: 80-91.

[262] 张淑谦, 徐顺治, 李登科. 社会网络理论及其研究述评 [J]. 智库时代, 2019（37）: 264+268.

[263] 张骁, 吴琴, 余欣. 互联网时代企业跨界颠覆式创新的逻辑 [J]. 中国工业经济, 2019（3）: 156-174.

[264] 张晓玲，葛沪飞，赵毅，等.典型商业模式特性量表开发与效度验证研究[J].科学学与科学技术管理，2015（3）：56-66.

[265] 张秀娥，张皓宣.社会网络理论研究回顾与展望[J].现代商业，2018（20）：154-157.

[266] 张越，赵树宽.基于要素视角的商业模式创新机理及路径[J].财贸经济，2014（6）：90-99.

[267] 张云.腾讯控股商业模式变革对财务绩效的影响研究[D].杭州：浙江工商大学，2015.

[268] 张兆国，陈天骥，余伦.平衡计分卡：一种革命性的企业经营业绩评价方法[J].中国软科学，2002（5）：110-112+103.

[269] 张志华，王红月，杜万恒.战略性新兴产业协同创新网络影响企业创新绩效的实证研究[J].技术与创新管理，2019（2）：151-157.

[270] 张梓榆.农户创业与金融服务创新的协同机理及有效性测度[D].重庆：西南大学，2018.

[271] 赵绘存.商业模式创新发展态势的知识图谱分析[J].中国科技论坛，2016（1）：38-43.

[272] 赵锦."UU 跑腿"市场营销策略研究[D].郑州：河南财经政法大学，2020.

[273] 镇英布谷.顾客价值主张对企业绩效的影响研究[D].武汉：华中农业大学，2018.

[274] 郑旭雯.大数据背景下商业模式初探[J].时代金融，2018（20）：257+259.

[275] 钟宇钰.技术资本与企业绩效[D].广州：暨南大学，2018.

[276] 钟媛.事业合伙人制度下的财务绩效分析[D].成都：四川师范大

学，2020.

[277] 周丹，李鑫，王核成.如何共舞？服务商业模式创新与技术创新对企业绩效的交互影响[J].科技进步与对策，2019（22）：92-101.

[278] 周菲，杨栋旭.高管激励、R&D投入与高新技术企业绩效——基于内生视角的研究[J].南京审计大学学报，2019（1）：71-80.

[279] 周琪，苏敬勤，长青，等.战略导向对企业绩效的作用机制研究：商业模式创新视角[J].科学学与科学技术管理，2020（10）：74-92.

[280] 朱丹，周守华.战略变革、内部控制与企业绩效[J].中央财经大学学报，2018（2）：53-64.

[281] 朱丹.内部控制视角下战略变革的财务效应研究[D].北京：北京交通大学，2018.

[282] 朱乃平，朱丽，孔玉生，等.技术创新投入、社会责任承担对财务绩效的协同影响研究[J].会计研究，2014（2）：57-63+95.

[283] 朱秀梅，刘月，陈海涛.数字创业：要素及内核生成机制研究[J].外国经济与管理，2020（4）：19-35.

[284] 邹成，周育红.社会网络理论应用于企业管理中的研究综述[J].商场现代化，2017（13）：105-106.

[285] 邹国庆，尹雪婷.商业模式设计与技术创新战略对企业绩效的协同效应[J].吉林大学社会科学学报，2019（4）：30-38+219.

[286] 左红武，李泽建，库佳莹.国内外商业模式创新研究热点对比分析[J].重庆理工大学学报（社会科学），2018（12）：59-67.